Introdução às Relações Internacionais

Análise de Política Externa • Haroldo Ramanzini Júnior e Rogério de Souza Farias
Direito das Relações Internacionais • Márcio P. P. Garcia
Direitos Humanos e Relações Internacionais • Isabela Garbin
Economia Política Global • Niels Soendergaard
Introdução às Relações Internacionais • Danielly Ramos
Organizações e Instituições Internacionais • Ana Flávia Barros-Platiau • Niels Soendergaard
Teoria das Relações Internacionais • Feliciano de Sá Guimarães

Proibida a reprodução total ou parcial em qualquer mídia
sem a autorização escrita da editora.
Os infratores estão sujeitos às penas da lei.

A Editora não é responsável pelo conteúdo deste livro.
A Autora conhece os fatos narrados, pelos quais é responsável,
assim como se responsabiliza pelos juízos emitidos.

Consulte nosso catálogo completo e últimos lançamentos em **www.editoracontexto.com.br**.

Introdução às Relações Internacionais

Danielly Ramos

Coordenador da coleção
Antônio Carlos Lessa

editora**contexto**

Copyright © 2022 da Autora

Todos os direitos desta edição reservados à
Editora Contexto (Editora Pinsky Ltda.)

Foto de capa
CHUTTERSNAP/Unsplash

Montagem de capa e diagramação
Gustavo S. Vilas Boas

Preparação de textos
Lilian Aquino

Revisão
Bia Mendes

Dados Internacionais de Catalogação na Publicação (CIP)

Ramos, Danielly
Introdução às Relações Internacionais / Danielly Ramos. –
São Paulo : Contexto, 2022.
160 p. (Coleção Relações internacionais /
coordenador Antônio Carlos Lessa)

Bibliografia
ISBN 978-65-5541-175-1

1. Relações internacionais I. Título II. Lessa, Antônio Carlos

22-1056 CDD 327.2

Angélica Ilacqua – Bibliotecária – CRB-8/7057

Índice para catálogo sistemático:
1. Relações internacionais

2022

Editora Contexto
Diretor editorial: *Jaime Pinsky*

Rua Dr. José Elias, 520 – Alto da Lapa
05083-030 – São Paulo – SP
PABX: (11) 3832 5838
contexto@editoracontexto.com.br
www.editoracontexto.com.br

Sumário

INTRODUÇÃO 7

FUNDAMENTOS DAS RELAÇÕES INTERNACIONAIS 11
    Importância e conceito 11
    Os atores 14
    Os grandes debates 25
    A carreira 35
    O ensino e a pesquisa 38

SOCIEDADE GLOBAL 41
    Da sociedade internacional cristã à sociedade europeia 42
    Colapso do sistema europeu e as duas Guerras Mundiais ... 44
    Reorganização do sistema global 48
    Guerra Fria 50
    A ordem internacional contemporânea 55

TEORIAS DAS RELAÇÕES INTERNACIONAIS 63
    Teoria e análise 63
    Realismo 66
    Liberalismo 71
    Relação da paz com comércio, regimes políticos e instituições ... 72
    Teorias funcionalista e neofuncionalista 75
    Teorias da interdependência complexa e institucionalismo neoliberal ... 77
    Escola inglesa 79
    Marxismo e Teoria Crítica 82
    Teoria Crítica 91
    Construtivismo 94

ECONOMIA POLÍTICA INTERNACIONAL 97
    Conceito de EPI 98
    Perspectivas teóricas da EPI 101
    Produção global 105
    Comércio internacional 107
    Sistema financeiro e monetário internacional 112
    Problemas e dilemas da economia política globalizada 114
    Paradigmas do desenvolvimento na América Latina 116

SEGURANÇA INTERNACIONAL 125
    Concepções teórico-conceituais 126
    Conflitos internacionais 131
    Armas de destruição em massa 138
    Mudanças climáticas 142
    Tecnologias digitais 145
    Pandemias e cooperação em saúde global 147

SUGESTÕES DE LEITURA 151

BIBLIOGRAFIA 157

A AUTORA 159

Introdução

Por que as guerras ocorrem? Como promover a cooperação entre os povos? Quais são as novas manifestações de poder na arena internacional? O que realmente importa e deve ocupar a atenção daqueles que estudam as relações internacionais? A presente obra busca oferecer ao público iniciante reflexões sobre essas e outras questões envolvendo dinâmicas e práticas que caracterizam as relações mantidas entre os diferentes atores da sociedade internacional global. Este livro propõe, igualmente, identificar e apresentar elementos centrais da disciplina de Relações Internacionais.

O livro está dividido em cinco capítulos. O primeiro examina elementos que caracterizam as RI como área de ensino, pesquisa e atuação profissional. O conceito e os atores das relações internacionais, assim como a carreira e o ensino são considerados os fundamentos dessa área. Os primeiros "grandes debates" teóricos também auxiliam na compreensão sobre como o pensamento na área de RI nasceu, se modificou e ganhou enorme relevância ao longo do tempo, contribuindo para a construção de um aparato teórico-metodológico próprio.

O segundo capítulo trata do surgimento e da ampliação da sociedade internacional. Nele se explica como ocorreu a passagem da fragmentada sociedade internacional europeia para uma sociedade global. Para tanto, são ressaltados diversos desafios que ocorreram para se manter o sistema global ordenado. Algumas fases importantes do breve século XX são estudadas, a exemplo da Primeira Guerra Mundial, do período entre as duas Guerras Mundiais e da Segunda Guerra Mundial. No estudo da segunda metade do século XX e início do século XXI, destacam-se as fases da Guerra Fria, descolonização e globalização. Por meio desse conhecimento geral sobre a história das relações internacionais contemporâneas, o leitor poderá compreender o contexto a partir do qual surgiram debates e teorias das RI, assim como obter explicações fundamentais e plausíveis a respeito dos grandes desafios presentes na realidade internacional.

O terceiro capítulo analisa as principais teorias das RI, a exemplo das teorias realista, liberal, Escola Inglesa, marxista, crítica e construtivista. Primeiramente, são apresentadas explicações sobre a importância de se pensar teoricamente a respeito das RI. Em seguida, são estudados pressupostos básicos, ferramentas metodológicas e agendas de pesquisa dessas teorias, assim como alguns elementos que as aproximam ou as distanciam umas das outras.

O quarto capítulo aborda a agenda da economia política internacional. Inicialmente, são estudadas as interações entre economia e política internacional, assim como o conceito de Economia Política Internacional (EPI). Em seguida, são estudadas três perspectivas clássicas da EPI – a liberal, a mercantilista e a marxista – e como elas respondem a questões relativas à natureza das relações político-econômicas internacionais, seus principais atores e objetivos. Na segunda parte do capítulo, são apresentados elementos que compõem a estrutura da EPI, com destaque para a produção global, o comércio internacional e o sistema financeiro e monetário internacional. A terceira parte fornece uma breve visão de alguns dos principais problemas e dilemas contemporâneos presentes na economia política internacional.

O quinto capítulo apresenta importante agenda de estudo da área internacional: a de segurança internacional. Na primeira parte, são examinadas concepções teórico-conceituais relacionadas à segurança internacional, assim como às principais causas, características e tipos de guerras existentes. Na segunda parte, são estudados alguns dos principais desafios da sociedade global e que colocam em risco a segurança internacional. Em especial, são observados os riscos impostos pelas armas de destruição em massa, pelas mudanças climáticas globais e pelas tecnologias digitais sobre as relações internacionais. Por fim, são apresentadas algumas reflexões finais sobre as novas pressões políticas e econômicas e as recentes demandas de cooperação internacional impostas pela pandemia da covid-19, já considerada um dos grandes choques geopolíticos e geoeconômicos dos últimos tempos.

Ao longo desta obra, o leitor terá acesso a conhecimentos gerais e introdutórios sobre os principais atores, agendas e teorias que compõem a área de estudos das Relações Internacionais, assim como sobre alguns dos seus mais importantes acontecimentos e desafios contemporâneos. Com isso, espera-se que se torne apto a compreender, debater e intervir de forma crítica e fundamentada nos mais diversos foros sobre o passado, o presente e o futuro das relações internacionais.

Fundamentos das Relações Internacionais

O presente capítulo visa discorrer sobre o surgimento e a relevância dos estudos das Relações Internacionais e apresentar debates e interpretações típicas da área "internacional". A primeira parte do capítulo analisa a importância crescente das interações políticas, econômicas, sociais e culturais estabelecidas entre Estados distintos, atores não estatais e indivíduos pertencentes a diferentes unidades separadas política e fisicamente por fronteiras, assim como o conceito de Relações Internacionais. Já a segunda parte trata dos principais atores internacionais, a exemplo dos Estados, Organizações Internacionais e Empresas Multinacionais. A terceira parte apresenta um breve histórico da evolução da disciplina por meio dos chamados "grandes debates" das Relações Internacionais. Por fim, a quarta parte do capítulo trata da carreira, do ensino e da pesquisa na área de Relações Internacionais, particularmente no Brasil.

IMPORTÂNCIA E CONCEITO

No século XXI, os estudos na área das Relações Internacionais (RI) tornaram-se definitivamente ferramentas indispensáveis diante do desafio maior de se tentar evitar ou ao menos minimizar os efeitos de catástrofes e novos tipos de fenômenos indesejados.

Aquecimento global, ataques cibernéticos e, mais recentemente, a pandemia da covid-19 são exemplos de temas com graves efeitos sobre o presente e o futuro da sociedade global, os quais pesquisadores das RI têm buscado analisar incansavelmente nos últimos anos. Assim, interações políticas e sociais mantidas entre Estados, Empresas Multinacionais, Organizações Internacionais e indivíduos no plano internacional afetam poderosamente a nossa vida cotidiana.

Os diversos países que atualmente compõem a sociedade internacional estabelecem entre si trocas comerciais, operações financeiras e investimentos em setores produtivos de forma constante e crescente. Membros de Organismos Internacionais criam regras e acordos e Empresas Multinacionais assinam contratos internacionais. Tais processos geram impactos sobre aspectos políticos e econômicos, assim como dinâmicas socioculturais envolvendo grupos presentes em diversas partes do globo. Pessoas de diferentes países influenciam-se constantemente, seja por meio da atração (quando realizam trocas culturais, recebem apoio diplomático ou ajuda financeira e militar), seja por meio da coerção (quando sofrem sanções econômicas, são submetidas a bloqueios diplomáticos ou se envolvem em eventos violentos, como as guerras).

Até meados do século XX, as Relações Internacionais (RI, com iniciais maiúsculas) eram vistas como uma área voltada principalmente para o estudo da guerra. De fato, esse fenômeno foi a motivação central para a criação de uma primeira "cadeira" ou "disciplina específica" de RI. Isso ocorreu na Universidade de Wales, Aberystwyth, no Reino Unido, em 1919, ao final da Primeira Guerra Mundial.

Antes de 1919, temas internacionais eram particularmente estudados por filósofos, politólogos e juristas (a exemplo de Tucídides, Thomas Hobbes e Hugo Grotius), mas não com o sentido de urgência imposto pelos horrores gerados pelas duas grandes guerras mundiais. A partir do início do século XX, a guerra passou a ser considerada por alguns pesquisadores como uma questão intelectual exclusiva, que demandava atenção total e que eclipsava os demais temas internacionais:

afinal, a resposta sobre como e por que a guerra começa poderia evitar futuras ameaças e salvar a humanidade de novas catástrofes.

Com o tempo, a disciplina de RI deixou de ser um sinônimo de história diplomática e de guerra, tornou-se mais abrangente e passou a acolher novos temas de pesquisa. Estudar RI importava cada vez mais não apenas porque ajudava na compreensão e diminuição da morte violenta provocada pela guerra, mas também porque permitia a criação de novos caminhos de cooperação. Nas últimas décadas, a disciplina de RI tem se concentrado em identificar e incentivar o uso de mecanismos de criação de confiança e entendimento entre pessoas de diferentes países com vistas a alcançar objetivos comuns. As RI têm se tornado igualmente relevantes por pensar sobre medidas de diminuição e combate de desigualdades sociais e econômicas entre diferentes regiões do globo, o que rende a essa disciplina um papel fundamental na construção de uma comunidade internacional mais justa, inclusiva e pacífica.

Reflexões e estudos científicos da área internacional desempenham um papel central na tomada de decisões e execução de políticas públicas internacionais. Conforme será apresentado a seguir, a tarefa de compreender o que as relações internacionais significam tornou-se imprescindível na medida em que se percebeu a influência crescente de fatores internacionais sobre o cotidiano de sociedades de diferentes partes do globo. Tais fatores revelaram-se muitas vezes impactantes por seus efeitos duradouros, ou até mesmo permanentes, na vida de cada um de nós.

O conceito de relações internacionais (com iniciais minúsculas) é dinâmico e seu entendimento sofreu constantes transformações desde o início do século XX. Elas costumam ser definidas como interações políticas, econômicas, sociais e culturais estabelecidas entre Estados distintos, atores não estatais e indivíduos pertencentes a diferentes unidades separadas política e fisicamente por fronteiras. O termo remete igualmente a elementos que compõem as estruturas do sistema internacional e que permitem o aprofundamento e multiplicação de conexões globais, a exemplo das estruturas político-institucionais e infraestruturas de (tele)comunicação, transporte, energia, saneamento e conservação ambiental. Forças espontâneas, como as correntes de opinião pública, redes sociais e fluxos migratórios, também influenciam constantemente as relações internacionais e fazem parte de seu conceito.

Pode-se dizer, por sua vez, que relações internacionais envolvem o conjunto de fenômenos que se concretizam para além das fronteiras e jurisdições dos Estados e sob influência direta ou indireta tanto de agentes quanto de estruturas do sistema internacional.

As formas pelas quais os fatos se sucedem na arena internacional têm muita influência sobre conceitos, teorias e métodos da disciplina de RI, os quais se modificam em consonância com as dinâmicas internacionais.

Há de se ressaltar que as habilidades intelectuais e cognitivas de um teórico ou de um agente internacional também podem intervir sobre sua capacidade de perceber o mundo ao seu redor, o que acaba por gerar diversas interpretações sobre a realidade internacional. Sendo assim, o que teóricos pensam e dizem a respeito de como o mundo é ou deveria ser, por um lado, e a frequência e velocidade das transformações cotidianas no sistema internacional, por outro, influenciam-se mutuamente, movimento que leva constantemente a novas e distintas interpretações e torna a disciplina de RI mais diversa e robusta.

O que são Relações Internacionais?

Relações Internacionais (com iniciais maiúsculas) são uma área específica do conhecimento ligada ao "internacional" e composta de agendas de pesquisa e referenciais teóricos e metodológicos próprios. Já o conceito de relações internacionais (com iniciais minúsculas) refere-se às interações políticas, econômicas, sociais e culturais estabelecidas entre Estados distintos, atores não estatais e indivíduos pertencentes a diferentes unidades separadas política e fisicamente por fronteiras. Forças espontâneas, como as correntes de opinião pública, redes sociais e fluxos migratórios, também influenciam constantemente as relações internacionais e fazem parte de seu conceito.

OS ATORES

Até muito recentemente, mesmo diante do número crescente de diferentes atores internacionais, alguns estudiosos consideravam que a disciplina de RI deveria se ocupar exclusivamente das interações entre Estados, já que estes seriam responsáveis, em última instância, pelas principais ações e decisões internacionais – a exemplo da decisão de se iniciar uma guerra –, e são os únicos atores sociais dotados de personalidade jurídica internacional, além das Organizações Internacionais Governamentais, também compostas por Estados.

De fato, desde o período entre as duas grandes guerras mundiais (1919-1939) e até muito recentemente, havia um consenso entre estudiosos da área de que as RI eram uma ciência que se preocupava em estudar o vasto conjunto das relações estatais bilaterais e multilaterais, sobretudo seus aspectos mais violentos, envolvendo guerras. Com o tempo, a disciplina foi experimentando novas perspectivas e passou a estudar os mais diferentes atores e tipos de relações humanas que transbordam o quadro das fronteiras físicas dos Estados. Em maior ou menor grau, todos os fluxos ou transações que atravessem ou transgridam as fronteiras físicas dos Estados, e não apenas aquelas envolvendo os Estados e seus representantes governamentais, fazem agora parte do material de análise das RI, de acordo com o que será apresentado a seguir.

Estados

Na área de RI, Estados são considerados soberanos não apenas quando determinam os rumos de sua identidade nacional (território, língua, cultura e povo), mas também quando exercem sua independência com relação aos demais agentes e estruturas internacionais. A aceitação da população de que existe uma autoridade governamental central dentro de um determinado território geográfico, combinada com o reconhecimento de seu *status* por outros Estados, confere ao Estado sua plena soberania.

O princípio da igualdade soberana é o que garante a participação de todos os Estados nas relações internacionais. Esse princípio estabelece que todos os Estados têm direitos inerentes à soberania plena, sendo obrigados a respeitar os outros Estados. A integridade territorial e a independência política de cada Estado são, nesse sentido, invioláveis, podendo cada um escolher e desenvolver livremente seus próprios sistemas político, social, econômico e cultural. Em contrapartida, cada Estado é compelido a cumprir suas obrigações internacionais de forma plena e conscienciosa e a viver em paz com outros.

Apesar de serem iguais juridicamente, Estados têm diferentes capacidades de exercer poder ou demonstrar a potência que possuem, ou seja, de fazer, produzir, destruir, influir e impor sua vontade a outros Estados. Afinal, ter poder significa exercer sua capacidade de resistir ou de impor sua vontade em determinadas circunstâncias e alcançar objetivos específicos.

Em termos gerais, a força (militar, econômica, moral) de um Estado relaciona-se com os meios à sua disposição para que possa exercer o seu poder. A força potencial é o conjunto de recursos materiais, humanos e morais de que dispõe teoricamente um Estado. Já a força real é o conjunto de recursos efetivamente utilizados na política externa, tanto na paz quanto na guerra. Esta última depende da força potencial de mobilização do Estado, ou seja, da capacidade e vontade à sua disposição.

Em seu livro *Paz e guerra entre as nações*, Raymond Aron (1986) ensina ainda que a potência de um Estado se refere ao espaço físico ocupado por ele, aos recursos materiais disponíveis e ao conhecimento que permite transformá-los em armas; potência também se refere ao número de homens e a arte de transformá-los em soldados. Por fim, um Estado é potente quando possui a capacidade de ação coletiva, que engloba a organização do exército, a disciplina dos combatentes, a qualidade do comando civil e militar na guerra e na paz, e a solidariedade entre os cidadãos.

Em tempos de paz, é potente o Estado que resiste e é capaz de impor sua vontade por meios legítimos, a exemplo dos costumes internacionais e da diplomacia, com uso de meios não violentos ou meios violentos aceitáveis. Na arena internacional, os chamados Estados hegemônicos possuem uma potência que extrapola a dos demais agentes e uma autoridade excepcional sobre a operacionalidade do sistema internacional. Eles são responsáveis por manter um canal de comunicação aberto com outros Estados, por prover estabilidade e garantir a sobrevivência do sistema.

Os Estados se relacionam entre si dentro de um sistema internacional, o qual se forma quando dois ou mais Estados têm contato regular entre si com impacto recíproco nas suas decisões. A interação entre Estados pode ocorrer via cooperação, conflito, neutralidade e indiferença recíproca. As pressões entre eles podem ser militares, diplomáticas, estratégicas e econômicas.

Em suas relações sistêmicas, os Estados buscam garantir o alcance de ao menos três objetivos fundamentais: preservar sua autonomia, garantir sua sobrevivência e aumentar sua segurança. Um Estado autônomo é, essencialmente, aquele que só pode contar consigo mesmo para garantir sua sobrevivência e manter sua coletividade protegida pelo máximo de tempo possível. Por sua vez, o foco na segurança indica que, no chamado "estado de natureza", situação em que reinam a desconfiança e a luta de todos contra todos, os Estados fazem dela o seu principal objetivo.

Como visto, há diferentes formas de se compreender o Estado, as quais dependem de nossa posição ontológica, ou seja, da forma como percebemos a nossa existência e o mundo ao nosso redor. A título de exemplo, os teóricos conhecidos como fundacionalistas concebem o Estado de forma organizacional e o percebem como uma instituição, ou seja, uma unidade coesa por si só. Eles também acreditam que o Estado pode ser visto como a soma de suas partes individuais (governo, aparato burocrático, indivíduos) e compreendido segundo sua função. Para tanto, são observados seus objetivos, sua capacidade de agir ou mesmo o conjunto de regras e procedimentos que o Estado cria para alcançar resultados a partir de suas ações políticas. Teóricos antifundacionalistas, por sua vez, sugerem que Estados não são um organismo ou instituição concreta e coesa como indicam os fundacionalistas. Ao contrário, eles são um conjunto de práticas e processos que normalizam e institucionalizam relações sociais e políticas sempre cambiantes.

Organizações Internacionais Governamentais

Além dos Estados, as Organizações Internacionais Governamentais (OIGs) são consideradas atores centrais das relações internacionais, sobretudo a partir da segunda metade do século XXI. Uma Organização Internacional Governamental (OIG) é definida como um agrupamento político e voluntário que tem os Estados como fundadores e componentes. Criadas a partir de um acordo formal que lhes confere uma personalidade jurídica, as OIGs atuam internacionalmente com vistas à realização de objetivos comuns a seus membros. Para tanto, são dotadas de uma estrutura institucional, orçamento e funcionários próprios e permanentes.

Apesar de serem compostas de Estados, as OIGs possuem órgãos independentes de seus membros. Elas funcionam a partir de um processo de institucionalização de relações multilaterais, as quais são baseadas em três características ou princípios fundamentais: a não discriminação, a indivisibilidade e a reciprocidade difusa.

O princípio da não discriminação indica que Estados devem cumprir as obrigações do tratado constitutivo da organização à qual pertencem, sem quaisquer contingências ou exceções, estejam elas relacionadas ou não a seus interesses nacionais.

O princípio da indivisibilidade considera que Estados são obrigados a cumprir seus compromissos com todos os outros Estados em um acordo coletivo. Para regimes de segurança multilateral, por exemplo, o princípio da indivisibilidade refere-se à exigência de que a paz seja considerada indivisível para e por cada signatário do tratado de segurança coletiva.

O princípio da reciprocidade difusa significa que a continuidade na aplicação dos princípios da não discriminação e indivisibilidade é um ingrediente essencial dos acordos multilaterais. A participação conjunta deve ocorrer por um longo período e baseada em antecipações sobre o funcionamento de longo prazo do acordo coletivo. Exemplos repetidos de cooperação em um ambiente multilateral podem promover reciprocidade difusa entre os Estados e ajudar a transformar seu senso de interesse próprio. Percebe-se, então, que o multilateralismo é uma forma particular de reunir atores internacionais para apoiar a cooperação baseada em princípios de não discriminação, reciprocidade difusa e estruturas institucionais generalizadas.

As Organizações Internacionais Governamentais podem surgir a partir de arranjos específicos ou *ad hoc*, estabelecidos durante reuniões ou conferências internacionais. Por sua vez, a coordenação entre três ou mais Estados, de acordo com um conjunto de princípios e valores comuns, por livre e espontânea vontade, também pode gerar a institucionalização de relações internacionais sob o formato institucional de uma OIG. Regimes Internacionais estão igualmente na origem das OIGs, ao estabelecerem princípios, normas, regras e procedimentos decisórios para o alcance de um objetivo comum aos Estados participantes.

É possível recordar que alianças militares, ou seja, coalizões entre Estados formadas para enfrentar um inimigo real ou potencial, podem levar à formação de uma OIG, como foi o caso da Organização do Tratado do Atlântico Norte (Otan), criada em 1949 para fazer oposição à União das Repúblicas Socialistas Soviéticas (URSS). Por fim, sistemas de segurança coletiva, fundados sob o compromisso de gerar uma reação coletiva diante de uma ameaça à paz ou à segurança de qualquer Estado que seja parte do coletivo, podem dar origem a uma organização. Isso ocorreu no caso da Liga das Nações (LDN) e da Organização das Nações Unidas (ONU), que foram em grande medida criadas para colocar em prática um sistema de segurança coletivo.

As OIGs podem desempenhar diferentes funções. Elas têm como objetivo, por exemplo, encontrar soluções para determinadas questões internacionais, indo além da diplomacia tradicional; ser utilizadas como fórum para discussão periódica de questões de interesse comum; servir de mediadoras na solução de problemas; ou mesmo exercer o papel de canal ou rede de comunicação entre Estados. Muitas OIGs prestam serviços coletivos, de acordo com sua especialidade e finalidade.

> **Como surgiram as primeiras organizações internacionais?**
>
> Sob uma perspectiva histórica, as Conferências de Paz de Haia de 1899 e de 1907 marcaram clara e objetiva tendência a periodicidade, universalização, racionalismo e legalismo nas relações internacionais, assim como geraram articulação de mecanismos de concertação política com a devida regularidade. Porém, tais conferências não eram organizações internacionais, pois careciam de órgãos próprios e permanentes, dotados de competências individualizadas.

> A cooperação administrativa entre Estados, ligada à Revolução Industrial, levou à criação das primeiras organizações internacionais no século XIX. Tais organizações não tinham vínculos relativos à questão de guerra ou de paz e possuíam perfil muito mais técnico. Assim, em 1815, foi criada a Comissão Central de Navegação do Reno, sendo que a Ata do Congresso de Viena de 1815 reconhecia o princípio de liberdade de navegação. Outros exemplos de primeiras organizações internacionais com fins técnicos são a União Telegráfica Internacional (1865), a Organização Meteorológica Mundial (1873), a União Postal Universal (1874), a Oficina Internacional de Pesos e Medidas (1875), a União de Proteção da Propriedade Industrial (1883), a Oficina Central de Transporte Ferroviário (1893), o Instituto Internacional de Agricultura (1905) e a Oficina Internacional da Saúde (1907).

As OIGs são classificadas segundo seu campo de atuação, podendo este ser regional ou global. Elas também são classificadas de acordo com sua função. As OIGs com propósito abrangente cumprem diferentes funções em diferentes áreas, sendo a ONU a mais notável OIG com esse propósito. Já as OIGs de propósito único são limitadas a objetivos específicos. O Fundo Monetário Internacional (FMI), a Organização dos Países Exportadores de Petróleo (Opep), a Otan são exemplos de OIGs de propósito único.

As OIGs costumam enfrentar diferentes tipos de dificuldades, sendo um dos desafios mais importantes o financiamento para a manutenção de seus trabalhos e alcance de seus objetivos. Problemas de coordenação entre agências ou a existência de diferentes organizações lidando com o mesmo problema podem também constituir desafios para as OIGs. O desrespeito às suas regras revela muitas vezes a baixa legitimidade de uma OIG ou mesmo o exercício indevido da soberania estatal dentro da organização. Ademais, um dos problemas mais difíceis de serem enfrentados pelas OIGs é o fato de que Estados podem, muitas vezes, apenas ser punidos marginalmente por esses órgãos no caso de desrespeito a regras e decisões comuns.

Organizações Internacionais Não Governamentais

Assim como as OIGs, as Organizações Internacionais Não Governamentais (OINGs) estão cada vez mais presentes nas relações internacionais contemporâneas. Isso se deve, sobretudo, ao aumento da conectividade internacional, relacionada ao desenvolvimento científico e tecnológico em áreas como as de transporte e comunicação.

As OINGs são instituições de origem privada, caracterizadas pelo seu caráter espontâneo e solidário e pelo fato de serem formadas por indivíduos de diversas nacionalidades. Uma OING é qualquer ator transnacional que não seja motivado pelo lucro, não defenda a violência, aceite o princípio da não interferência nos assuntos internos dos Estados e trabalhe em estreita colaboração com Estados e Organizações Internacionais Governamentais, exemplo das Nações Unidas e suas agências, assim como com outros representantes da sociedade civil organizada.

A atuação das OINGs estende-se para além do poder de alcance da influência governamental e do Direito Internacional. Elas adotam o sistema jurídico do país escolhido para sediá-la devido à falta de outro mais adequado às suas necessidades.

Elas podem ter fins variados, incluindo proteção ao meio ambiente, promoção do desenvolvimento, proteção internacional dos direitos humanos, assistência social por meio da entrega de alimentos e medicamentos em zonas de guerra e promoção das causas das mulheres.

As OINGs muitas vezes nascem a partir do surgimento de questões específicas de interesse dentro de uma determinada sociedade e cujas demandas não tenham sido adequadamente atendidas pelo Estado. Outras vezes, uma OING é criada com o intuito de chamar a atenção para um tópico particular, para auxiliar Estados e OIGs no alcance de seus objetivos, via projetos específicos e na execução de determinadas funções. Em geral, as OINGs funcionam como canais de cidadania e participação popular, por meio da criação de redes de solidariedade e conscientização. Em comum, as OINGs caracterizam-se pelo fato de possuírem aspirações universalistas e não partidárias, como é o caso das OINGs Anistia Internacional, OXFAM, Care, Greenpeace e Médicos Sem Fronteiras. Seu objetivo mais amplo é o progresso da humanidade como um todo.

Ao executarem suas tarefas, as OINGs enfrentam dificuldades variadas. De fato, muitas OINGs são uma força a ser reconhecida e possuem muitos membros e orçamentos, assim como o poder de influenciar e moldar a política governamental. Porém, apesar de muitas vezes executarem atividades imprescindíveis ao bom funcionamento dos Estados, algumas OINGs podem depender de financiamentos públicos e de OIGs, o que coloca em risco sua autonomia. Nesse sentido, percebe-se que a legitimidade de uma OING está diretamente ligada não apenas à capacidade de executar bem as tarefas que lhe são designadas, mas também a de atrair e manter financiamentos necessários para garantir sua própria existência.

Percebe-se que, nos últimos anos, redes de políticas entre OIGs e OINGs tornaram-se particularmente fortes nas áreas de direitos humanos e desenvolvimento. Muitas OINGs têm agora experiência no fornecimento de ajuda humanitária e na coleta e análise de dados socioeconômicos e ambientais. Além disso, as OINGs são, na maioria dos casos, politicamente neutras, tendo mais facilidade do que outros atores para entrar em zonas de guerra, mediar conflitos e fornecer ajuda à população civil. Todos esses elementos tornam as OINGs muito úteis para Estados e OIGs.

Por fim, o crescimento das OINGs aponta para a enorme importância do poder dos indivíduos como atores nas relações internacionais. Por meio de tais grupos, indivíduos têm conseguido responder cada vez mais às necessidades sociais, políticas, ambientais e de saúde imediatas da comunidade internacional.

> **Por que a Cruz Vermelha é uma organização *sui generis*?**
>
> O Comitê Internacional da Cruz Vermelha (CICV) foi fundado em 1863 e faz parte do "Movimento da Cruz Vermelha", junto com a Federação Internacional da Cruz Vermelha e as Sociedades do Crescente Vermelho. O CICV foi estabelecido como uma associação privada, uma ONG, sob o Código Civil Suíço (Artigo 60). Tem, no entanto, uma natureza *suis generis* porque, ademais da personalidade jurídica de direito interno, possui personalidade jurídica de direito internacional, pois atua como guardiã do DIH, função que lhe foi formalmente confiada pela comunidade internacional. Em 1990, a Assembleia Geral da ONU a convidou a participar de suas sessões na capacidade de observador (AG/NU Res. 45/6 de 16 de outubro de 1990). O principal órgão executivo do CICV é sua Assembleia, a qual é responsável por supervisionar a organização e garantir o cumprimento da sua missão. Para tanto, ela formula políticas, define objetivos e estratégias, e aprova o orçamento e as despesas. A Assembleia é composta de 15 a 25 cidadãos suíços. O CICV tem como missão proteger a vida e a dignidade das vítimas de conflitos armados e outras situações de violência e prestar-lhes assistência, assim como promover e assegurar a implementação do direito internacional humanitário (DIH) e dos princípios humanitários. O DIH, que se ocupa primordialmente do direito dos conflitos armados, tem como fontes principais as quatro Convenções de Genebra de 1949 e os dois Protocolos Adicionais de Nova York de 1977. Os princípios humanitários, por sua vez, são sete: humanidade, imparcialidade, neutralidade, independência, voluntariado, unidade e universalidade. O CICV atua em cerca de 80 países e tem por volta de 14.000 funcionários, em sua maioria nacionais dos países onde trabalham.

Empresas multinacionais

Empresas Multinacionais (EMs) são atores geralmente poderosos que possuem e administram unidades econômicas em mais de um país, ou seja, cujas atividades de administração, produção e vendas se espalham pelo globo.

Em geral, o objetivo principal das EMs ao criarem subsidiárias em outros países é produzir bens e serviços com menor custo e maior qualidade para mercados mundiais. Tais objetivos podem ser alcançados, por exemplo, via aquisição de locações mais eficientes ou via concessões tarifárias de governos receptores.

Há diversas razões para que as EMs promovam investimento externo direto (IED). Este pode ocorrer como estratégia global das empresas para aumentar seu crescimento e obter vantagens estratégicas. O IED também surge como resultado de políticas de incentivo de governos locais para atração de investimentos externos por meio da oferta de infraestrutura, isenção de impostos, assim como de comunicação e transporte adequados.

O aumento de IED pode ser explicado pela existência de vantagens competitivas no local da instalação que a corporação deseja explorar ou preservar, ou como resultado da competição entre oligopólios nos mercados mundiais contemporâneos.

A Teoria do Ciclo do Produto (integração horizontal) e a Teoria da Organização Industrial (integração vertical) ajudam a explicar o aumento da presença das EMs no mundo. A Teoria do Ciclo do Produto identifica três fases de produção de um produto. Na primeira fase – introdutória ou fase de inovação –, há o aumento da demanda externa. Essa fase tende a se localizar nos países mais desenvolvidos industrialmente graças à demanda e investimentos em atividades inovadoras. Em tais países, indústrias desfrutam de posição de monopólio graças à tecnologia. Na segunda fase – de crescimento ou fase de desenvolvimento de processo –, ocorre a expansão tecnológica e da competição graças ao avanço do processo de industrialização e aumento da demanda externa. Na terceira fase – de maturação –, a padronização leva a produção para países menos desenvolvidos.

Por sua vez, a Teoria da Organização Industrial explica que a produção de componentes ou bens intermediários (outputs) em algumas plantas serve como base (*inputs*) para produção em outras plantas da empresa. As motivações para o IED são várias: baixos custos na produção, benefícios dos impostos locais e tarifas que encorajam a produção estrangeira de partes ou do produto finalizado.

As características das EMs modificaram-se muito desde o surgimento desses atores, há mais de 300 anos. A Revolução Industrial, os avanços tecnológicos e das comunicações e as novas técnicas de gestão transformaram profundamente o perfil das EMs. As conferências de Bretton Woods (1944), que ocorreram antes mesmo do final da Segunda Guerra Mundial (1945), transformaram intensamente a ordem econômica internacional em que as EMs passaram a atuar ao estabelecerem um conjunto de regras e instituições para governar as relações comerciais e financeiras internacionais. Mais recentemente, altas taxas de desemprego, preocupações sobre desenvolvimento sustentável e elevados níveis de pobreza em diversas partes do mundo levaram ao surgimento de novas conferências e regras internacionais, inclusive aquelas direcionadas especificamente para a atuação das EMs.

Para muitos críticos, as Empresas Multinacionais são vistas como predadoras do sistema internacional, sendo acusadas, por exemplo, de explorar países menos desenvolvidos, ignorar direitos humanos e danificar o meio ambiente. Por sua vez, defensores das EMs descrevem-nas como promotoras do desenvolvimento e grandes investidoras em ciência, tecnologia e inovação. Para eles, as EMs são uma fonte de modernização e capazes de aliviar a pobreza no mundo. Por um lado, muitas multinacionais criaram hospitais, escolas e outras infraestruturas valiosas em países menos desenvolvidos e ofereceram oportunidades de emprego, treinamento profissional, saúde e educação para seus funcionários locais ou internacionais. Por outro lado, há diversos registros do impacto negativo das EMs na cultura local, na proliferação de trabalho escravo e infantil, assim como na degradação do meio ambiente. Porém, cada vez mais Empresas Multinacionais percebem a importância de agir com mais transparência e responsabilidade nos planos doméstico e internacional, não sendo de seu interesse colocar em risco sua reputação global em um mundo cada vez mais competitivo e interconectado.

OS GRANDES DEBATES

Ao longo de sua história, a disciplina de RI foi marcada por muitos debates que refletiram uma grande diversidade de pensamento. O campo de estudos das RI é atualmente caracterizado pelo pluralismo teórico e por diálogos científicos com diferentes níveis de abstração. Quatro debates teóricos ficaram mais conhecidos e foram por isso chamados de "grandes debates" acadêmicos. Tais debates ajudaram na compreensão das preocupações centrais tanto teóricas quanto metodológicas da área que surgiram desde o início do século XX. Eles também influenciaram nos debates ulteriores e que se avolumaram na área de RI desde o início do século XXI.

Durante a maior parte do século XX, o pensamento realista dominou a forma de se pensar sobre as RI e esteve presente em todos os grandes debates da área, inclusive os mais recentes. Os diálogos que o realismo suscitou entre diferentes pensadores das RI revelaram a extraordinária dinamicidade, diversidade e riqueza teórica da área. Ao se revisitarem os debates desse campo de estudo, percebe-se logo a intensidade com que os principais teóricos internacionalistas se envolveram nos trabalhos uns dos outros e contribuíram, das mais diversas formas, para o aumento da compreensão do complexo conjunto de temas e agendas internacionais e muitas vezes para a solução de seus desafios mais urgentes, conforme será visto a seguir.

Primeiro grande debate

A partir de 1919, e diante da carnificina gerada pela Primeira Guerra Mundial, boa parte dos estudiosos da guerra começou a duvidar das afirmações e prescrições feitas anteriormente por teóricos realistas sobre como controlar os excessos gerados pelas relações de poder estabelecidas entre os Estados. Pesquisadores que ficaram conhecidos como "idealistas" acreditavam que a paz surgiria muito mais de um "pacto coletivo" – baseado em interesses e instituições comuns criadas para proteger a todos – do que de uma balança de poder ou de um equilíbrio de forças entre as principais potências da época. Para os idealistas, o (des)equilíbrio internacional é fruto de cálculos armamentistas imprecisos e de acordos secretos pouco transparentes, os quais geram desconfiança e medo. Sob influência do pensamento liberal tradicional, idealistas acreditavam que a humanidade poderia fazer progressos políticos e desenvolver interesses comuns e compartilháveis. A guerra seria, assim, o resultado de mal-entendidos, de erros de cálculo e imprudência, reparáveis por meio da superação de ignorância, preconceitos e egoísmos, da educação formal e da criação de instituições internacionais.

A Liga das Nações (LDN) é exemplo do sucesso do pensamento liberal da época, assim como de seu fracasso. A Liga foi, aliás, a primeira organização internacional contemporânea, criada em 1919, durante a Conferência de Versalhes, na França, no pós-Primeira Guerra Mundial. Ela surgiu por sugestão do então presidente norte-americano Woodrow Wilson, que, em 8 de janeiro de 1918, foi ao Congresso dos Estados Unidos da América (EUA) para fazer um discurso contendo seu plano de paz. Os Quatorze Pontos, como o plano passou a ser chamado, propunham princípios básicos e liberais que deveriam servir de referência para a política externa de uma sociedade democrática, bem como arranjos geográficos para fazer cumprir o princípio da autodeterminação. Mais importante ainda, o plano de paz propôs uma Liga das Nações para fortalecer a paz.

Não tardou a surgir a reação crítica aos idealistas, os quais foram acusados de utópicos, ingênuos ou simplesmente ignorantes, sobretudo por teóricos realistas. Em 1939, Edward H. Carr lançou o livro *Vinte anos de crise: 1919-1939*, considerado uma obra fundadora da área internacional e um quadro analítico fundamental para compreender a essência do momento político e os padrões de comportamento que precederam e ajudam a explicar o surgimento da Segunda Guerra Mundial (1939-1945). Apesar de ter acusado teóricos realistas de possuírem visões muitas vezes complacentes e estéreis a respeito da política internacional, a crítica maior de Carr voltou-se contra os idealistas, que seriam excessivamente ingênuos, ou utópicos, aos olhos do autor.

A maioria dos autores vistos como utópicos descendia intelectualmente do iluminismo otimista do século XVIII, do liberalismo do século XIX e do idealismo do século XX inspirado em Woodrow Wilson. Utópicos concentravam suas análises em "como os relacionamentos internacionais deveriam ser conduzidos" e desprezavam "como o mundo realmente era" e o fato de as relações entre as potências serem sustentadas por uma política de balança de poder, baseada no uso da força nos assuntos internacionais e em alianças e tratados secretos.

Para os realistas, os apelos dos idealistas à opinião pública e sua excessiva confiança nas organizações internacionais e arranjos coletivos tinham resultado num apoio calamitoso e débil à manutenção da paz na década de 1940. Assim, o significado mais profundo da crise internacional que resultou na Segunda Guerra Mundial teria sido o colapso da estrutura do utopismo e do conceito de harmonia de interesses.

> **Realistas x idealistas**
>
> No primeiro grande debate das RI, realistas afirmavam que estudos internacionais não deveriam dar ênfase ao mundo utópico imaginado pelos idealistas, mas ao poder das forças reais e ao caráter inevitável das tendências existentes. Estadistas deveriam aceitar e se adaptar ao mundo real. Na disputa sobre o que poderia ou não ser alcançado em um mundo de Estados sob o perigo constante da guerra, a posição realista se sobrepôs à visão idealista naquele momento.

Segundo grande debate

Sob perspectiva histórica, o principal tema de estudo das RI tem sido a compreensão da evolução do sistema internacional baseado na competição entre Estados Soberanos, definidos como comunidades políticas territoriais distintas e dotadas de uma população, governo e recursos próprios de poder. O segundo grande debate da área internacional inovou ao indagar não sobre "quem", mas sobre "como" analisar a política internacional. Várias perguntas animaram esse debate: Como saber sobre o mundo em que vivemos? Quais perguntas fazer para encontrar essa resposta? Como decidir qual posição teórica ou qual método de análise adotar para entender como o mundo é ou deveria ser? Ao tratar dessas questões, pensadores das RI fizeram uma série de suposições e julgamentos sobre o que é importante saber, sobre o que e como analisar temas internacionais. O conhecimento dessas proposições permitiu, assim, refletir melhor sobre diferentes arranjos e contribuições de outras abordagens teórico-metodológicas, assim como tomar decisões sobre as razões de uma perspectiva em particular fornecer uma visão mais útil a respeito das relações internacionais.

As indagações sobre relações internacionais geraram questionamentos inspirados por outras ciências sociais e naturais. Como visto, nos anos 1930, teóricos realistas e idealistas debateram sobre a natureza da política internacional e a possibilidade de se alcançar a paz, ou ao menos a "não guerra", no sistema internacional. Já nos anos 1960, no chamado "segundo grande debate", tradicionalistas e behavioristas discutiram sobre quais metodologias eram mais apropriadas para o estudo das RI.

Tradicionalistas defenderam, por um lado, a importância relativa de disciplinas tradicionais como a História, o Direito e a Filosofia no processo de investigação das RI. De fato, as primeiras gerações de pesquisadores dessa área de estudo foram compostas por historiadores, juristas, diplomatas e jornalistas, que adotavam abordagens humanistas e históricas no estudo do internacional. Sob tais perspectivas, era comum posicionar o caráter normativo, o qual é permeado por questões morais e éticas, no centro da teoria internacional.

Behavioristas – muitos deles distantes da história diplomática, do Direito Internacional e da Filosofia política e mais próximos da Economia, da Ciência Política e mesmo da Matemática e das Ciências Naturais em geral – colocavam-se contra o uso de valores e a favor da aplicação de métodos científicos sociais ou "positivistas" no estudo das RI. Tais métodos defendiam a quantificação de variáveis, o emprego de testes formais de hipóteses e a construção de modelos causais (como a teoria dos jogos, modelos de comunicação e modelos decisionais) na condução da análise de fatos internacionais. Os métodos propostos permitiam, assim, passar do particular ao geral e estabelecer pontes entre a análise e a previsão. Behavioristas não aceitavam a especificidade das Relações Internacionais e defendiam o valor universal dos processos científicos de investigação. Por sua vez, não admitiam as explicações ideológicas dos teóricos tradicionalistas e afirmavam que fenômenos internacionais poderiam ser observados e quantificados.

> **O debate entre behavioristas e tradicionalistas**
>
> No segundo grande debate, behavioristas propunham a aplicação de métodos científicos nas RI, enquanto tradicionalistas persistiam na utilização de abordagens mais históricas e interpretativas. Não houve vencedores. Entretanto, o método quantitativo e científico proposto por behavioristas acabou ganhando um peso crescente e passou a receber apoio dos principais pesquisadores das Relações Internacionais.

Terceiro grande debate

Mesmo após o segundo debate, sem vencedores, o realismo manteve-se como a teoria dominante nas RI. Uma explicação para tal situação é que as interpretações realistas ajudavam enormemente a compreender o cenário de tensão permanente que caracterizou o período da Guerra Fria (1947-1991), a partir dos primeiros anos após o fim da Segunda Guerra Mundial. Assim, a profunda rivalidade que nasceu entre os EUA e a URSS e se espalhou por todo o sistema internacional acabou reforçando a visão realista das relações internacionais.

A partir dos anos 1950, estudos sobre novos tipos de relações internacionais que não aquelas baseadas na guerra começaram a surgir. Comércio, investimentos, viagens, comunicações e outras diferentes formas de cooperação voltaram a fazer parte do cotidiano mantido entre as nações, que já mostravam sinais de recuperação ao longo da primeira década após a Segunda Guerra Mundial. Já nos anos 1970, de forma bastante evidente, uma grande parte da comunidade acadêmica acreditava que a visão liberal poderia, de fato, explicar muito bem esses novos acontecimentos internacionais. Diversos argumentos foram oferecidos para que ela se tornasse uma teoria dominante.

Teóricos liberais – que então deixavam de lado muitas das utopias que dominaram suas abordagens nas primeiras décadas do século XX – chamaram a atenção do público acadêmico ao apresentar suas explicações sobre essa nova fase de mudanças e progressos internacionais. Diferentes formas de cooperação internacional, sobretudo a partir dos avanços integracionistas concretos na Europa Ocidental (a exemplo da criação da Comunidade Europeia do Carvão e do Aço, em 1951, da Comunidade Europeia de Defesa, em 1952, e da Comunidade Econômica Europeia, em 1957), foram estudadas por internacionalistas, particularmente pelos teóricos conhecidos como funcionalistas e neofuncionalistas liberais. Acreditava-se cada vez mais na construção de identidades e valores comuns, na superação de conflitos, tanto por meio de medidas de criação de confiança no seio de organizações internacionais, quanto via entendimento mútuo alcançado em diferentes etapas de negociações propostas por processos de integração regional.

Para os teóricos liberais Robert Keohane e Joseph Nye (1989), as RI eram caracterizadas, especialmente a partir dos anos 1970, por uma interdependência complexa. Segundo a perspectiva desses autores, cada vez mais as relações internacionais se davam via múltiplos canais de comunicação, entre diversos atores estatais e não estatais, incluindo empresas e organizações internacionais. Com o aumento e diversificação no perfil dos atores internacionais, as agendas se tornaram múltiplas e seus temas menos hierarquizados. O envolvimento recíproco dos atores em negócios internacionais inviabilizava mais e mais o uso da força, sobretudo dos recursos militares, e incentivava a criação de mecanismos de solução pacífica de controvérsias.

Logo após o sucesso da teoria da interdependência complexa, uma reformulação da teoria realista feita por Kenneth Waltz (2004) – considerado um neorrealista estrutural – passou a chamar a atenção da comunidade acadêmica internacional e reacendeu o debate entre realistas e liberais ao final dos anos 1970. Neorrealistas como Waltz não negavam as possibilidades de cooperação identificadas pelos neoliberais, mas defendiam que Estados sempre tentariam maximizar seu poder relativo e preservar sua autonomia, mesmo diante de ofertas de cooperação. Ademais, situações de confronto ligadas à Guerra Fria, nomeadamente quando os EUA e a URSS intensificaram a corrida armamentista entre eles, ao final dos anos 1970, davam sustentação e impulso às novas reflexões da teoria realista.

Apesar das divergências teóricas entre realistas e liberais, havia vários pontos em comum entre eles. Ao contrário do ocorrido no primeiro debate, no terceiro liberais concordaram com diversas premissas realistas, a exemplo da ideia de que os Estados são os principais atores das RI e se orientam sempre pelo interesse nacional, em um sistema internacional anárquico. Tanto neoliberais quanto neorrealistas agora se consideravam, em grande medida, parte de um mesmo grupo. Sob tal consenso, que ficou conhecido como "debate neo-neo", tanto teóricos realistas quanto liberais eram chamados de racionalistas e positivistas por possuírem um claro programa de pesquisa, com hipóteses e premissas bem definidas e construídas a partir da observação da realidade e aplicação do método científico na análise das RI.

Ainda nos anos 1970, neomarxistas se juntaram ao terceiro debate e trouxeram para o centro das discussões diversas críticas à economia mundial capitalista e respostas duras aos teóricos realistas e liberais a respeito de suas interpretações sobre a relação entre economia e política internacional. Para neomarxistas, o capitalismo global enfraquecia países mais pobres do mundo e tornava-os dependentes dos Estados capitalistas ricos. Comércios desiguais (manufaturas com alto valor agregado em troca de matérias-primas pouco valorizadas e vendidas a preços relativamente baixos) seriam impostos pelos Estados capitalistas ricos aos países pobres. Segundo neomarxistas, esse modo de funcionamento da economia política internacional revelava a existência de um sistema capitalista hierarquizado, injusto e perverso, gerador de uma exploração permanente e da apropriação do excedente econômico por poucos e às custas de muitos países do sistema internacional.

Em contraste, para teóricos neoliberais, a troca econômica internacional acontecia quando todos se beneficiavam dela. Assim, enquanto neomarxistas percebiam o sistema capitalista internacional como um meio para a exploração de muitos por uma pequena elite internacional e para a geração de trocas desiguais e indesejadas, neoliberais interpretavam esse sistema como promotor de progresso e mudanças positivas para todos, fossem eles países inicialmente ricos ou pobres.

Já teóricos realistas enxergavam os aspectos político-econômicos do sistema internacional como um meio para fortalecer o Estado e facilitar a concretização do interesse nacional. Assim, a doutrina mercantilista, também conhecida como nacionalismo econômico, explicava que o mercado livre depende do poder político e a riqueza é fruto da hegemonia econômica, exercida pelo país dominante. Ao contrário dos neoliberais, realistas defendiam que o mercado não é livre e que as mudanças não são positivas para todos. E, ao contrário do que afirmavam neomarxistas, a causa do enfraquecimento do sistema econômico internacional está ligada ao declínio do poder do líder do sistema – e não ao declínio do sistema capitalista baseado na exploração de países pobres por países ricos. Ou seja, para neorrealistas, a sobrevivência do sistema mundial baseado na economia capitalista depende da existência de um Estado capaz de exercer continuamente a sua hegemonia global – e não da liberdade do mercado, como afirmavam liberais, ou dos limites da exploração de países pobres e da concentração dos lucros nas mãos de poucos, como defenderam os neomarxistas.

> **O terceiro debate entre neorrealistas, neoliberais e neomarxistas**
>
> O terceiro grande debate (ou debate interparadigmático) entre neorrealistas, neoliberais e neomarxistas foi baseado em imagens diferentes a respeito do sistema internacional. Cada paradigma tinha conceitos, linguagem e imagens diferentes sobre a política global e uma perspectiva própria para explicá-la.

Quarto grande debate

Nos anos 1990, o quarto debate surgiu na área das RI a partir de discussões entre teóricos realistas, liberais e marxistas, de um lado, e teóricos pós-positivistas, de outro. Este último grupo – composto predominantemente de pensadores das teorias construtivista, crítica, feminista, pós-moderna e pós-estruturalista – redefiniu os termos do debate até então existente ao propor o estudo de temas e conceitos empolgantes, mas pouco explorados, como identidade, cultura, linguagem e gênero, assim como novos métodos de análise.

Para teóricos pós-positivistas construtivistas, críticos e pós-modernistas, não existe uma realidade social externa dada e objetiva. O sistema internacional é uma criação humana, fruto de uma consciência intersubjetiva estabelecida entre pessoas. Ou seja, as relações internacionais são o resultado de pensamentos e ideias – e não de forças e condições materiais detectáveis por meio da empiria, como afirmam teóricos neorrealistas e neomarxistas – e podem ser modificadas por pessoas em épocas e locais diferentes. Transformações nas relações internacionais dependem, nesse sentido, de interesses e identidades, assim como de instituições sociais coletivas com capacidade de influenciar a consciência humana. Crenças, ideias, linguagens e discursos criam significados entre as pessoas, afastando-as ou aproximando-as. Sendo assim, segundo teóricos pós-positivistas, espera-se que a pesquisa acadêmica gere mais interpretações que explicações, mais conhecimento subjetivo que objetivo.

Ao longo do quarto debate, alguns teóricos, como os construtivistas, adotaram uma visão mais cooperativa e passaram a acreditar na existência de caminhos intermediários entre abordagens distintas. Já outros teóricos, como os pós-modernos – que contestavam a noção de realidade, de verdade objetiva e asseveravam que ideias sempre são contaminadas pelo teórico ou narrador, por seus pontos de vista e preconceitos –, adotaram uma postura de maior confrontação, identificando um abismo insuperável entre positivistas e pós-positivistas.

Vozes dissidentes sempre estiveram presentes na disciplina de RI. E, nos últimos anos, novas questões surgiram na política internacional, o que acabou gerando novos e intensos debates. As abordagens recentes trazem propostas teóricas e metodológicas inovadoras, assim como temas sintonizados com as relações internacionais do século XXI. Nesse sentido, debates continuam a surgir em número cada vez mais importante, cujas reflexões alternativas se juntam àquelas propostas pelas teorias tradicionais das RI, consagradas nos quatro grandes debates aqui apresentados.

> **Positivistas x pós-positivistas**
>
> O quarto grande debate, entre teóricos positivistas e pós-positivistas, envolveu diversos ataques de abordagens alternativas contra tradições consagradas (sobretudo neorrealistas e neoliberais). Por sua vez, no contra-ataque, diversos pós-positivistas foram fortemente criticados, em especial pela falta de rigor e ausência da apresentação de dados empíricos para sustentar suas ideias.

A CARREIRA

Conhecimentos básicos sobre os mais importantes debates, agendas e teorias das relações internacionais são fundamentais para a formação e capacitação do profissional da área de RI. Por meio de uma preparação acadêmica sólida, o profissional desse campo de estudo tem mais chances de se tornar apto a compreender, participar e intervir de forma crítica e fundamentada nos mais diversos foros das RI e situar-se com agilidade intelectual diante das dinâmicas do mundo contemporâneo.

O profissional de RI possui habilidades próprias e competências particulares típicas daqueles agentes que convivem de perto com diversidades político-econômicas, socioculturais e linguísticas, as quais se tornaram mais frequentes e visíveis com o aprofundamento das conexões internacionais e do fenômeno da globalização. O agente internacional lida frequentemente com indivíduos e grupos possuidores de histórias, vivências e códigos morais e éticos muitas vezes bastante diferentes dos seus. Ao estudar e conviver com a variedade de ideias e inúmeras contradições presentes no ambiente internacional, o estudante e futuro agente das Relações Internacionais se envolverá em reflexões conceituais, éticas e factuais de alcance global.

Dentre as habilidades e competências mais encontradas no profissional da área internacional, destacam-se a habilidade de comunicação e trabalho em equipes multiculturais e multilinguísticas; a capacidade de agir de forma eficiente no planejamento e organização de equipes multinacionais e sob temáticas multidisciplinares; o comprometimento e aprendizado continuado, com adoção de visão cosmopolita; a habilidade em utilizar métodos, técnicas e tecnologias para processamento de grande quantidade de dados e de fontes as mais diversas possíveis, e muitas vezes em língua diferente da sua.

A competência em comunicação do profissional de RI traduz-se por meio da aquisição de uma cultura geral sólida e constantemente atualizada sobre os principais acontecimentos mundiais e adoção de visão e postura cosmopolitas, baseadas na tolerância e respeito mútuo. A comunicação eficiente é igualmente percebida por meio da capacidade de escrever com base na argumentação e na negociação e de elaborar documentos de comunicação oficial de formatos diversos em uma ou mais línguas estrangeiras.

As habilidades de trabalho em equipe, quando presentes no profissional de RI, traduzem-se na manutenção de boas relações interpessoais, na motivação da equipe à qual pertence e na cooperação com colegas de diversas nacionalidades e com históricos culturais distintos.

A análise de assuntos internacionais pelo estudante e futuro profissional de Relações Internacionais é feita idealmente por meio de uma visão multidisciplinar que atente para as perspectivas de outras disciplinas a ela relacionadas. Em especial, deve atender às análises das ciências humanas, em geral, e da História, Ciência Política, Direito Internacional Público, Sociologia e Economia internacional, em particular.

No Brasil, a carreira na área de RI desenvolve-se frequentemente no setor público, mas também no setor privado, terceiro setor, em Organizações Internacionais Governamentais e no meio acadêmico.

As carreiras de RI no setor público brasileiro que têm mais tradicionalmente se destacado são as de diplomata (Ministério das Relações Exteriores – MRE); oficial de chancelaria (Ministério das Relações Exteriores – MRE); analista de comércio exterior (Ministério da Economia – ME); analista e assistente em negócios (Agência de Promoção de Exportações – Apex); analista de informações e pesquisador (Agência Brasileira de Informação – Abin); e assessor da área internacional de governos federal e estadual.

Dentre as habilidades e competências do diplomata (MRE), encontram-se o exercício da representação do Brasil perante a comunidade das nações, a coleta de informações para formulação da política externa, a elaboração e implantação de políticas de cooperação internacional, a participação em reuniões internacionais, a assistência às missões no exterior, a proteção dos compatriotas e a promoção da cultura e dos valores brasileiros. Já o oficial de chancelaria (MRE) possui como habilidades e competências a orientação, o controle e a execução de tarefas técnicas e administrativas, em grau de significativa complexidade, em apoio às atividades de natureza diplomática e consular na Secretaria de

Estado das Relações Exteriores e nos postos do exterior. Atividades de administração pública específicas da Secretaria de Estado das Relações Exteriores também fazem parte das funções dessa carreira.

Por sua vez, o analista de comércio exterior (ME) atua na promoção comercial e na participação em negociações internacionais. No exercício de suas funções, o analista cuida da elaboração de políticas e gestão de comércio exterior, da defesa comercial, das operações de comércio, crédito e financiamento, além da compilação e análise da balança comercial e preparação de discursos e textos oficiais.

Na Agência de Promoção de Exportações (Apex), o analista e assistente em negócios é responsável pela identificação e análise das necessidades e oportunidades de negócios. Ele também cuida da elaboração de projetos e programas, da formulação e análise de soluções e implantação de ações ligadas a demandas internas e externas e do desenvolvimento de estratégias alinhadas com a missão e os valores da Apex.

Na Agência Brasileira de Informações (Abin), o analista de informações e pesquisador realiza atividades de inteligência mediante uma ação de coordenação do fluxo de informações necessárias às decisões do governo brasileiro. Ele também se ocupa da análise de informações para aproveitamento de oportunidades e identificação de antagonismos e ameaças, reais ou potenciais, para os mais altos interesses da sociedade e do país.

Por sua vez, a assessoria internacional em Ministérios abrange tarefas como planejar, orientar, promover e coordenar o processo de planejamento de programas, projetos e atividades internacionais, além da assessoria ao ministro e aos dirigentes dos órgãos e entidades do Ministério na coordenação e supervisão de assuntos internacionais, bilaterais e multilaterais. O assessor internacional é chamado para estabelecer, em coordenação com os demais órgãos e entidades do Ministério, as diretrizes da política externa brasileira. Por fim, há ainda para o assessor a incumbência de organizar e subsidiar a participação do ministro ou de seu representante em conferências, assembleias e comitês internacionais.

As carreiras de RI no setor privado incluem cargos como o de agente de comércio exterior, agente financeiro, analista de mercado, assessor em câmaras bilaterais de comércio e assessor em entidades patronais.

O agente de comércio exterior realiza, por exemplo, análises e estudos sobre a realidade internacional, faz interpretações sobre movimentos internacionais e identifica desafios e oportunidades de negócios. Pesquisa e planejamento em comércio exterior e gestão em logística, vendas, marketing e finanças também se inserem nas atividades dessa profissão.

No Terceiro Setor e em organismos internacionais, o profissional de RI pode prestar serviços de assessoria, consultoria e gestão de projetos. As habilidades do gestor de projetos internacionais envolvem a atuação nas relações do setor público com o privado nas áreas que se dedicam à internacionalização de suas atividades. O gestor costuma ser responsável pela elaboração, implantação e acompanhamento de políticas de cooperação internacional em todos os níveis, assim como pela formulação e implantação de "políticas internacionais" para diferentes atores. O gestor se ocupa da realização de pesquisas, compilação de dados estatísticos, preparação de resenhas, textos analíticos, discursos, relatórios de reuniões, assim como da organização de eventos e captação de recursos.

Nas carreiras de RI na área acadêmica, o profissional pode exercer a função de professor, gestor acadêmico (a exemplo do coordenador de curso, diretor de institutos ou departamentos, assessor na área de cooperação internacional e em pró-reitorias ou reitorias) e de pesquisador. As habilidades e competências do professor-gestor-pesquisador são, em particular, o apreço pela difusão do conhecimento, a capacidade de análise e síntese de grande volume de informação, a capacidade de comunicação e motivação de grandes grupos, por meio da administração de diferenças. A capacidade de respeitar prazos, organizar e participar de eventos acadêmicos e compor grupos de pesquisa faz parte do perfil desejado para o profissional de Relações Internacionais.

O ENSINO E A PESQUISA

A graduação é um espaço fundamental de formação básica do profissional de RI. Nela são ministrados três conjuntos de disciplinas: específicas, auxiliares e optativas com orientação profissional, como será explicado a seguir.

No ensino universitário brasileiro, as chamadas disciplinas específicas caracterizam o curso de graduação em RI. Por meio delas, são apresentados conceitos e categorias mais empregados nas RI. Fazem parte desse grupo as disciplinas introdutórias (que apresentam noções fundamentais utilizadas nas RI), as disciplinas voltadas para o ensino das principais correntes teóricas das RI (as quais incluem aplicação desses conhecimentos na análise da política internacional) e as disciplinas de história e análise da política externa brasileira e de história das RI. As disciplinas de análise das instituições políticas e econômicas internacionais também são consideradas específicas da área.

As disciplinas auxiliares e correlatas tratam de matérias de formação básica e das áreas em que fenômenos internacionais se manifestam. Encontram-se neste grupo as disciplinas introdutórias gerais (Economia, Direito, Sociologia, Filosofia), disciplina introdutória de Ciência Política, Teoria Política, Metodologia Aplicada à Ciência Política e RI, Estatística e Métodos Quantitativos. Relações Econômicas Internacionais, Economia Brasileira, Direito Internacional e Idiomas também são disciplinas ditas auxiliares e correlatas.

Já as disciplinas optativas e com orientação profissional podem variar de acordo com os diferentes cursos de RI, dependendo das demandas regionais e locais. Comércio Exterior, Cooperação Internacional, Elaboração de Projetos Internacionais, Negociação Internacional e Integração Regional são exemplos de disciplinas optativas e com orientação profissional.

Por sua vez, a pesquisa em RI promove o contato com núcleos de pesquisa mantidos dentro e fora da universidade. Ela permite ao estudante aprender métodos e técnicas científicas sob orientação docente e a promover e participar de debates e análises aprofundadas de fenômenos internacionais complexos, cuja influência se estende de forma direta ou indireta sobre diversos países do globo. De maneira geral, a pesquisa colabora com a formação integral do futuro profissional de RI.

Algumas das áreas temáticas das pesquisas em RI mais tradicionais são História das Relações Internacionais, Política Internacional Comparada, Economia Política Internacional, Instituições Internacionais, Integração

Regional, Política Externa, Segurança Internacional e Teoria das Relações Internacionais.

Nos últimos anos, temas mais inovadores de pesquisa fazem a conexão entre o Antropoceno – compreendido como a era geológica marcada pela capacidade humana de influenciar diretamente nas dinâmicas do planeta – e políticas planetárias, que envolvem questões de natureza diversa e conectadas em escala global. Por sua vez, estudos sobre poderes globais passaram a lidar com as estratégias de inserção internacional de potências médias (a exemplo da Coreia do Sul, México, Brasil e Índia), grandes potências (como Japão e países da União Europeia) e superpotências (EUA e China), em suas dimensões políticas, econômicas e de segurança e defesa. Estudos sobre arranjos institucionais empreendidos multilateralmente por esses poderes globais, a exemplo do Brics (agrupamento formado por Brasil, Rússia, Índia, China e África do Sul) e do G20 (grupo composto das principais economias desenvolvidas e emergentes do mundo, quais sejam, Argentina, Austrália, Brasil, Canadá, China, França, Alemanha, Índia, Indonésia, Itália, Japão, República da Coreia, México, Rússia, Arábia Saudita, África do Sul, Turquia, Reino Unido, Estados Unidos e União Europeia), são também objeto de pesquisa.

Com a diversidade de atores internacionais, a disciplina de RI apresenta, cada vez mais, uma agenda de estudos de enorme complexidade, o que conduz ao surgimento de uma multiplicidade de debates e visões sobre como estudar e interpretar o internacional. Isso não era assim até o início do século XX, quando as primeiras reflexões e pensamentos de RI surgiram e quando a sociedade internacional se tornava verdadeiramente global, conforme será visto no próximo capítulo.

Sociedade global

O presente capítulo trata do surgimento da sociedade global. Primeiramente, será estudada a passagem da fragmentada sociedade internacional europeia para uma sociedade global integrada. Diversos desafios surgiram ao longo do tempo para se manter o novo ordenamento global. Em seguida, são analisadas algumas fases do breve século XX para se compreenderem fenômenos importantes na consolidação da sociedade global, a exemplo da Primeira Guerra Mundial, do período entre as duas guerras mundiais e da Segunda Guerra Mundial. No estudo da segunda metade do século XX, destacam-se as fases da Guerra Fria, descolonização e globalização.

Com a apresentação geral da história recente das relações internacionais contemporâneas e compreensão das características de seus principais eventos, será possível ter um conhecimento básico da sociedade global e avaliar as motivações dos debates teóricos e dos principais desafios internacionais.

DA SOCIEDADE INTERNACIONAL CRISTÃ À SOCIEDADE EUROPEIA

Entre os séculos XV e XVII, a sociedade internacional se organizava tanto a partir de valores cristãos quanto não cristãos. Não havia clareza sobre quais eram os membros da sociedade internacional até a formação do Estado moderno. Indivíduos (e não Estados) eram tratados como sujeitos finais de direitos e deveres. Assim, o Direito Natural, que determinava direitos e deveres de todos os homens, criando vínculos entre cristãos e não cristãos, era considerado mais importante que o direito positivo internacional. Já o chamado direito das gentes era um conjunto de regras de coexistência que continha premissas da sociedade universal (leis comuns a todas as nações e não para serem usadas entre nações).

Ao longo desse período, quando o Direito Internacional Público ainda estava em formação, adotava-se o *pacta sunt servanda* (o que foi pactuado deve ser cumprido). Tratados só obrigavam os que os tinham assinado, e não seus sucessores. Eles não eram válidos se fossem impostos e só eram respeitados se condições originais permanecessem inalteradas.

Até o século XVII, o reconhecimento recíproco da soberania dos Estados não era um elemento básico da coexistência internacional. Faltava a concepção de que a independência era um direito inerente a todos os Estados. Por sua vez, a sociedade internacional não tinha ainda definido um conjunto de instituições derivadas da cooperação entre Estados. O Direito Internacional foi sendo considerado cada vez mais fundamental, mas não era usado na prática dos Estados. Isso porque o Direito Natural e a lei divina inibiam seu desenvolvimento.

Em geral, estudiosos não procuraram discutir a cooperação dos Estados implícita no funcionamento da representação diplomática ou o desenvolvimento de reuniões de cúpula de chefes de governo, realizadas nesse período como parte da evidência de que existia uma sociedade de Estados. Nenhum autor discutiu ou levou em conta o equilíbrio de poder entre os Estados e o papel das grandes potências durante esse período. Pensava-se em hierarquia internacional determinada pelo *status* e não pela consideração do poder relativo dos Estados ou dos direitos e deveres especiais que a sociedade dos Estados conferia a determinadas potências.

Nos séculos XVIII e XIX, a sociedade internacional europeia quase não apresentava vestígios da cristandade ocidental, a qual foi desaparecendo da teoria e prática da política internacional. O Estado completou sua articulação e passou da fase dinástica ou absolutista para a fase nacional ou popular. Práticas modernas de interação entre Estados foram estudadas e a ideia de sociedade internacional tomou forma. O Direito Natural cedeu espaço para o Direito Positivo Internacional. A cultura e os valores da sociedade internacional se identificavam mais como europeias que cristãs. Havia diferenciação cultural com respeito ao resto do mundo, e a sociedade internacional era muito mais uma associação europeia do que global. Outros membros só podiam ser admitidos depois de atingir padrão europeu.

As ideias de soberania e legitimidade internacional indicavam que, a partir de então, todos os membros da sociedade europeia tinham os mesmos direitos fundamentais. As obrigações que Estados assumiam eram recíprocas e regras e instituições internacionais derivavam do seu consentimento. Apenas Estados eram aceitos como unidades básicas do sistema internacional. O princípio prevalecente da legitimidade internacional deixou de ser o dinástico e passou a ser o nacional ou popular.

A referência era o direito da nação ou do povo, e não o direito do governante. A noção de Direito Internacional e de guerra tornou-se determinante. Adotavam-se como referências não teorias abstratas sobre o modo como os Estados deveriam agir, mas os costumes e o direito emanado dos tratados, que ganhavam corpo. Direito das nações passou a significar direito aplicável entre as nações, e não mais a lei comum a todas as nações. O recurso à violência era monopólio do Estado. Guerra era conflito político e a questão da justiça da causa envolvida devia ser banida do Direito Internacional, porque a sociedade internacional não tinha como resolvê-la (o que era considerado justo diferia de Estado para Estado).

Tratados agora criavam obrigações não apenas para os que os tinham assinado, mas também para seus sucessores e eram válidos mesmo quando impostos. Cada um julgava se as circunstâncias haviam mudado. A soberania era atributo de todos os Estados e a troca de reconhecimento era regra fundamental para coexistência. Não intervenção, igualdade entre Estados e direito dos Estados à jurisdição interna foram finalmente admitidos a partir de então. Aceitava-se que a sociedade internacional se manifestava de forma visível em certas instituições internacionais, as quais refletiam cooperação dos Estados-membros. Direito Internacional agora era visto como fruto da cooperação entre Estados e o sistema diplomático, como do interesse de todos. O equilíbrio de poder passou a ser perseguido pela sociedade. Admitia-se existência de grandes potências dotadas de poderes especiais.

COLAPSO DO SISTEMA EUROPEU E AS DUAS GUERRAS MUNDIAIS

O sistema global que existe atualmente surgiu a partir do colapso do sistema europeu. Isso ocorreu quando os europeus perderam o controle sobre o sistema internacional, evento que se tornou mais visível a partir do início do século XX. A passagem para o sistema global deu-se por meio de um movimento natural, gradual e constante, sem que surgisse uma linha divisória revolucionária entre o sistema global e o europeu.

Logo no início da sua formação, o sistema global era composto de uma minoria populacional europeia. Porém, suas regras e instituições foram herdadas da Europa. As partilhas de poder e dominação entre Europa, EUA e Japão ocorreram de forma paulatina e crescente. Cada vez mais, foi sendo revelado que interesses e pressões se tornariam globais e não mais exclusivamente europeus.

Conforme explica Adam Watson, em sua obra magistral *A evolução da sociedade internacional*, o período que envolveu a passagem do sistema europeu para o global foi marcado por quatro grandes fases: a) destruição da sociedade europeia de Estados, com ocorrência logo após o final da Primeira Guerra Mundial (1914-1919); b) intervalo entre a Primeira e a Segunda Guerra Mundial (o entreguerras), durante o qual houve a vigência do Acordo de Versalhes e da Liga das Nações; c) reorganização do sistema global e da nova sociedade internacional e surgimento da Guerra Fria; d) descolonização.

A destruição da sociedade europeia de Estados esteve intimamente ligada à inabilidade de seus principais membros se ajustarem ao crescimento do poder alemão, país que passou a concentrar grande capacidade industrial e militar, a maior população da Europa, com exceção da russa, e superioridade em matéria de educação e técnicas. Sob tal mudança na balança de poder europeu, passou-se de um concerto elástico para uma confrontação rígida entre dois blocos europeus rivais, compostos, respectivamente, pela Alemanha, Áustria-Hungria e Itália, que eram novos Estados-nações oriundos da cristandade latina, e pela França e Rússia, duas potências insatisfeitas. Nova potência que se encontrava atrelada ao centro europeu e limitada do ponto de vista espacial, faltava à Alemanha espaço para crescer dentro da Europa. A busca alemã por espaços fora do europeu também ocorreu, o que gerou pressão sobre outras potências para que criassem espaços e rearranjos territoriais. A Alemanha chegou a conquistar posição dominante no decadente Império Otomano, contra interesses russos e britânicos. No colonialismo ultramarino, ela enfrentou os franceses e britânicos.

No momento em que o poder alemão estava crescendo, a ideia de hegemonia na Europa era menos aceitável que no passado. Houve então um aumento do conflito entre Estados como consequência do movimento de ajuste na nova balança de poder.

A formação de uma coalizão anti-hegemônica, composta por França, Rússia e Grã-Bretanha, levou ao fim do concerto europeu, formado logo nas primeiras décadas do século XIX a partir da realização de reuniões diplomáticas para entendimento político e estabelecimento de regras ordenadoras do espaço europeu. Um século depois, não se podia mais negociar com frequência termos mutuamente toleráveis. Não se temia mais a possibilidade de guerra para se resolverem desavenças.

Na Ásia, um novo balanço de poder também se formou no início do século XX. Com o acordo, a ordem e a paz foram buscadas por meio da geração de regras e instituições, sobretudo para evitar uma nova guerra sistêmica. Cada vez mais, o Japão tentava aumentar seu espaço na Ásia. A aliança com os britânicos, ademais, permitiu a expansão japonesa na Manchúria (com a expulsão russa) e na China Setentrional.

A presença dos europeus na Ásia acarretou o desmoronamento da autoridade do governo chinês e o fim da política britânica de portas abertas para o comércio. A criação de protetorados de potências imperiais individuais na China foi uma das consequências dessa redistribuição de poder na Ásia. Os Estados assumiram posição oposta à expansão japonesa.

Em termos gerais, é possível afirmar que a crise no sistema internacional nasceu da expansão mundial da sociedade europeia, a qual não permitiu a inclusão adequada das duas novas potências: o Japão no extremo oriente e a Alemanha na parte ocidental da Europa.

A Primeira Guerra Mundial (1914-1919) caracterizou-se por ser uma guerra europeia, lutada por razões europeias e alimentada por paixões europeias. A natureza dessa guerra era genuinamente anti-hegemônica, sendo que a demonstração de força dos EUA teve peso importante na dominação alemã. Ao final do conflito, foi assinado o Tratado de Versalhes, primeiro ato constituinte de autorregulação global da sociedade mundial. A autoria do Tratado foi apenas de uma parte da sociedade europeia, devido à ausência da Rússia e da Alemanha nas reuniões de Versalhes. Com o acordo, buscava-se ordem e paz por meio da geração de regras e instituições, sobretudo para evitar uma nova guerra sistêmica.

Durante a segunda fase de formação do sistema global, ocorrida no entreguerras, houve a vigência da Liga das Nações (LDN). A elasticidade do sistema europeu rompeu-se definitivamente durante esse período, situação que estava intimamente ligada à renúncia ao conceito de equilíbrio de poder e ao apoio à ideia mais rígida de segurança coletiva. As fronteiras se tornaram frágeis devido a mecanismos mais rigorosos para seu restabelecimento. As mudanças, ajustes e acomodações se tornaram impossíveis diante do interesse dos vencedores da Primeira Guerra Mundial em manter o *status quo* e evitar mudanças.

Por que a Liga das Nações falhou em preservar a paz?

Predecessora da Organização das Nações Unidas (ONU), a Liga das Nações (LDN) representou uma tentativa das grandes potências de institucionalizar um sistema de segurança coletiva. Sua criação deu-se como parte do Tratado de Versalhes (1919), sendo que seu funcionamento se baseava na ideia de que discussões abertas eram a melhor forma de promover estabilidade política.

Desenhada a partir das supostas lições tiradas da Primeira Guerra Mundial e sob influência de pensadores idealistas, a LDN acreditava ser possível que, em futuras guerras, se decidisse mais facilmente quem era o agressor. Seus membros esperavam igualmente que uma futura guerra pudesse ser evitada por meio da aplicação da razão e de princípios legais. Finalmente, pensavam ser possível evitar decisões unilaterais e punir agressores, o que acabou não acontecendo devido sobretudo à carência de representatividade da instituição. Os EUA não se tornaram membros da Liga, a África do Sul e Libéria eram os únicos membros africanos, a Rússia não foi convidada para as conferências de Versalhes. Criada ao final da Revolução Russa (1917-1922), a URSS entrou na Liga só em 1934. Poucos sul-americanos participaram da Liga e apenas China, Japão e Tailândia representavam a Ásia. Ademais, a Alemanha não participou da LDN devido à responsabilidade que lhe foi imputada pela Primeira Guerra Mundial.

Apesar de suas últimas reuniões terem ocorrido em 1946, a Liga das Nações foi desacreditada ao longo de toda sua existência devido à incapacidade de manter a paz e a segurança internacional. Além da baixa representatividade política, a falência da Liga pode ser compreendida pela dificuldade em acomodar a Alemanha (humilhada após as perdas territoriais ao final da Primeira Guerra Mundial), e diante da crença de que seria possível fazer com que grandes potências subordinassem seus interesses aos objetivos de preservação da paz internacional. Face ao bloco de países fascistas composto por Itália, Alemanha e Japão, que defenderam a guerra como meio para reconfigurar a balança de poder global a seu favor, a Liga tornou-se definitivamente impotente, o que acabou por colaborar para a decadência do sistema europeu.

REORGANIZAÇÃO DO SISTEMA GLOBAL

Na terceira fase da passagem do sistema europeu para o sistema global, a nova sociedade mundial privilegiou a criação de obrigações de acordo com as tradições europeias. Com a manutenção do "clube dos cinco" (em 1945, os cinco membros permanentes do Conselho de Segurança da ONU eram França, República da China, Reino Unido, Estados Unidos e União Soviética), perpetuou-se a prática de grandes potências em órgãos de segurança coletiva, a exemplo do que já havia ocorrido na Liga das Nações. No caso da ONU, o Conselho de Segurança passou a existir a partir de 1945. Houve igualmente a incorporação de regras e práticas desenvolvidas na Europa (a exemplo do Direito Internacional, diplomacia, respeito à soberania, igualdade jurídica dos Estados, sendo estes reconhecidos como membros independentes da sociedade).

Na nova sociedade mundial, cujos contornos se tornaram mais nítidos ao final da Segunda Guerra Mundial (1939-1945), constatou-se a necessidade de se desviar dos riscos das independências múltiplas não controladas. Para tanto, as grandes potências passaram a ditar regras e promover seu cumprimento via instituições comuns. O princípio básico que passou a prevalecer foi o da legitimidade anti-hegemônica. Disposições relativas à segurança coletiva impostas pelas grandes potências ocidentais vencedoras também foram aceitas.

Se o entreguerras foi um período de desordem e interrupção de autoridade, de 1945 a 1985 a fase foi de mais ordem e autoridade. O surgimento de novos líderes indicava o fim da capacidade dos europeus de controlar o sistema internacional. EUA e URSS passaram a ocupar o centro do sistema internacional e geraram dois polos opostos, a partir dos quais a reorganização do poder global foi produzida.

A divisão da sociedade internacional tornou-se muito clara ao final da Segunda Guerra Mundial e início do período da Guerra Fria (a qual só teria fim nos primeiros anos da década de 1990). Duas potências geraram centros em torno dos quais se desenvolveram sociedades muito separadas, estrategicamente presas uma contra a outra e isoladas pela geografia e pela ideologia.

A estrutura internacional formal continuou sob influência europeia, sendo que os dois novos centros de poder eram de origem europeia, mas situados fora da Europa. Regras e práticas do período anterior permaneceram em vigor, com pequenas modificações.

A criação da ONU foi feita sob influência do passado. A opção por um congresso diplomático permanente reproduzia a fórmula do Concerto Europeu do início do século XIX e da Liga das Nações do período entreguerras. Os objetivos da ONU eram mais baseados na busca da universalidade do que na eficácia, mais no mecanismo de inclusão internacional do que no atendimento de resultados concretos e palpáveis. Até os dias de hoje, os votos da ONU não obrigam seus membros, sendo sua natureza muito mais consultiva na ausência de mecanismos punitivos.

A ONU nasceu a partir de um acordo entre grandes potências. O poder de veto surgiu, nesse sentido, como uma válvula de segurança e com o intuito de diminuir a tensão dentro da instituição, muitas vezes relacionada à disputa de poder. Diversas críticas foram dirigidas à ONU ao longo do tempo. Se, por um lado, o poder de veto era inaceitável para países que não podiam exercê-lo, por outro, acabou se mostrando inadequado para resolver problemas entre grandes potências. Por conta do recurso frequente ao poder de veto, na prática, mais do que um concerto entre grandes potências, a ONU vem servindo aos interesses de potências menores.

Com o fim da Segunda Guerra Mundial e da hegemonia difusa advinda da anarquia de independências múltiplas, a organização do sistema passou a ficar condicionada às pressões feitas pelas duas grandes potências. Naquele momento de pós-Segunda Guerra, os EUA reuniam metade da indústria mundial, eram os únicos detentores da bomba atômica e ainda guardavam um perfil isolacionista. No exercício de sua potência, os EUA foram gradualmente transferindo suas regras para o sistema global: democracia, descolonização e abertura econômica para empresas norte-americanas eram algumas delas. Já os objetivos da URSS concentravam-se na expansão e defesa de seu domínio territorial e estabelecimento de hegemonia sobre parte da Europa e da Ásia. Tanto os EUA quanto a URSS tinham como objetivo o estabelecimento mútuo de políticas de contenção.

GUERRA FRIA

A Guerra Fria, definida como luta global, porém contida, entre os EUA e a URSS e marcada dos dois lados por estratégia defensiva e por competição pela lealdade ou pela simpatia das pessoas no mundo inteiro, trouxe consigo as armas nucleares e seu efeito de dissuasão. Devido a elas, a opção das potências foi por conflitos de baixa intensidade e por operações de guerrilha, que não perturbavam o curso da civilização.

No final da Segunda Guerra Mundial, a colaboração entre os EUA e a URSS começou a ruir. Uma rivalidade acirrada se desenvolveu entre os dois Estados. A Guerra Fria, que durou de meados da década de 1940 até o final da década de 1980, foi uma época de alta tensão e risco constante de guerra entre os EUA e a URSS, embora um conflito direto entre eles nunca tenha ocorrido.

Por um lado, para alguns estudiosos, a Guerra Fria teria começado devido a agressões da URSS e a respostas dos EUA a essas agressões. A URSS passou a instalar governos comunistas pró-soviéticos em países da Europa Central e Oriental e, em resposta a tal expansão, os EUA articularam uma estratégia de contenção. O então presidente dos EUA, Harry Truman, em fevereiro de 1947, prometeu que daria assistência a todos que estivessem enfrentando agressão externa ou subversão interna. Isso ficou conhecido como a Doutrina Truman. Em 1948, em resposta ao controle da URSS sobre nações da Europa Oriental, os EUA lançaram o Plano Marshall, para reconstruir economicamente os países da Europa Ocidental e contribuir para que resistissem às pressões soviéticas. Em 1949, os EUA e países da Europa Ocidental assinaram um pacto de defesa e criaram a Otan. Em 1950, os EUA organizaram uma coalizão internacional para defender a Coreia do Sul dos ataques da URSS e da China em apoio à Coreia do Norte.

Por outro lado, alguns historiadores acreditam que os EUA foram responsáveis pelo início da Guerra Fria e argumentam que os EUA e outros Estados capitalistas foram hostis à URSS desde o seu começo. De acordo com essa narrativa, os EUA buscaram tornar o mundo inteiro seguro para a democracia norte-americana e o capitalismo privado.

A resposta da URSS à hostilidade dos EUA foi consolidar seu domínio sobre a Europa Central e Oriental, procurar novos aliados e aumentar sua capacidade militar.

Uma terceira visão indica que o início da Guerra Fria se deu por um dilema de segurança. A tentativa de cada Estado de se tornar mais seguro devido ao armamentismo do outro acabou tornando-o menos seguro. De acordo com uma quarta visão, a Guerra Fria foi uma colisão inevitável entre duas potências continentais. A lógica de um sistema internacional impulsionado pela competição entre duas superpotências criou incentivos para que cada país tentasse acumular aliados para que a influência global e a capacidade de ameaça da outra potência pudessem ser contidas.

Tanto os EUA quanto a URSS geraram conjuntos de alianças, sob hegemonias ao mesmo tempo negociadas e impostas. A diferença fundamental entre ambos os países era que a autoridade soviética foi buscada com recurso às doutrinas do marxismo-leninismo, que eram autoritárias, Moscou-cêntricas e universalistas. Já a hegemonia norte-americana era mais relaxada e menos autoritária, permitindo a outros Estados uma maior liberdade de ação.

A reação anti-hegemônica não tardou a surgir no sistema internacional. França, Grã-Bretanha e Alemanha buscaram, porém, a adaptação aos novos padrões de poder. Assim, a sociedade internacional global foi se estruturando sob uma base comum de Direito Internacional, de representação diplomática e de regras e instituições multilaterais, herdadas da sociedade europeia. Estabeleceu-se, assim, a continuação da legitimidade teórica das soberanias múltiplas absolutas. Prevaleceu a ideia de entendimento amplo por meio do controle da corrida armamentista, o que trouxe moderação e sobrevivência do sistema.

A ordem internacional durante a guerra fria

Na ordem internacional da Guerra Fria, cada uma das duas superpotências tinha um conjunto de relacionamentos de aliança de longa data com importantes potências médias. Os EUA buscaram manter solidariedade com as democracias industriais avançadas da Europa

Ocidental e com Canadá e Japão. A URSS, por sua vez, procurou exercer seu poder sobre Estados da Europa Central e Oriental, bem como sobre a China e a Coreia do Norte. Ambas as superpotências competiram por influência na Ásia, África e América Latina.

Outra característica da Guerra Fria foi ter produzido um equilíbrio de terror, baseado na ameaça de destruição mútua assegurada com uso de armas nucleares. Embora caracterizada pela ausência de conflito direto entre as duas grandes potências, a Guerra Fria não foi uma era de paz. Os EUA e a URSS lutaram entre si repetidamente de forma indireta e forneceram armas e assistência financeira aos seus respectivos Estados clientes, sobretudo na Ásia, África e Oriente Médio. O mais próximo que as duas superpotências chegaram de um conflito militar direto foi durante a Crise dos Mísseis de Cuba em 1962.

A Guerra Fria começou a entrar em colapso quando países da Europa do Leste se libertaram do controle soviético no final de 1989 e o Pacto de Varsóvia entrou em colapso entre 1989 e início de 1991. O muro de Berlim foi derrubado no final de 1989 e no ano seguinte Alemanha Oriental e Ocidental se reunificaram. A URSS deixou de existir no final de 1991 e se dividiu em 15 Estados-nações constituintes, incluindo a Rússia. EUA e Rússia (ex-URSS) concluíram, em seguida, acordos de controle de armas com subsequentes cortes na produção e venda de arsenais nucleares.

De acordo com alguns estudiosos, o fim pacífico da Guerra Fria deve-se a diversos processos políticos decorrentes do fracasso econômico soviético. Em 1985, o então presidente da URSS, Mikhail Gorbachev, implantou um programa de reforma econômica e abertura política, o qual se espalhou rapidamente pela Europa do Leste. Naquele momento, a repressão soviética não ocorreu na Europa Central e Oriental, o que levou à queda de diversos líderes comunistas. O descontentamento nacionalista se alastrou na própria URSS, o que moveu países como Estônia, Letônia e Lituânia a declararem a intenção de deixar a URSS. Gorbachev tentou suprimir esses movimentos com a ameaça de força militar. Porém, movimentos de reforma radical prevaleceram por tempo suficiente para que as repúblicas constituintes da URSS, incluindo a própria república russa liderada pelo reformador Boris Yeltsin, declarassem sua independência, levando ao fim da URSS em 1991.

Uma segunda interpretação enfatiza o papel dos EUA em facilitar o colapso soviético. Para essa visão, o governo de Ronald Reagan pressionou a URSS de diversas maneiras. Em seguida, abandonou os esforços de controle de armas e enviou ajuda às forças rebeldes em países onde a influência soviética era dominante. Por fim, esses movimentos agressivos forçaram os líderes soviéticos a enfrentar a fraqueza de seu próprio sistema e de sua posição geopolítica. Sob qualquer hipótese, o término pacífico da Guerra Fria foi um evento internacional notável que deu início a uma nova ordem internacional com características próprias.

Descolonização

A quarta fase do período de formação da sociedade global foi marcada pela descolonização, a qual deu seguimento ao processo de desintegração da dominação europeia e desobrigação das metrópoles quanto ao bem-estar dos povos colonizados e dependentes.

O conceito de tutela possibilitou a abertura que conduziu ao fim da colonização. Por sua vez, o conceito de autodeterminação substituiu o de imperialismo como doutrina dominante da época. Nesse sentido, a aquisição de colônias passou a ser vista como ilegítima ou "fora da lei". Procedeu-se à criação de sistemas de mandatos, os quais geravam a responsabilização internacional das potências mandatárias, que tinham que submeter relatórios anuais sobre como estavam se desempenhando em sua tarefa de tutela.

O perfil dos novos membros da sociedade internacional era bastante heterogêneo. A capacidade de eles alcançarem a independência era bastante variável, dependendo da mistura de culturas e tradições. Em comum, os novos membros possuíam a vontade de estar livres e de não se subordinar às superpotências imperiais.

O grupo dos países não alinhados foi criado face aos profundos ressentimentos contra a superioridade racial e cultural presumida pelos "homens brancos". Sendo assim, o movimento em direção às independências múltiplas foi característico do processo de descolonização. Na prática, apesar do estabelecimento da igualdade jurídica entre todos os Estados soberanos, arranjos internacionais revelavam desigualdades econômico-sociais, mas pouco colaboravam para mitigar a pobreza e as dificuldades administrativas dos novos membros internacionais.

A nova sociedade global caracterizou-se pelo aumento no número de Estados soberanos independentes e juridicamente iguais. Como analisado anteriormente, a valorização da independência inibiu a tendência de imposição da vontade dos fortes, sobretudo por meio de guerras tradicionais. Em particular, o grupo de países não alinhados reivindicava a valorização da independência externa e interna. Era evidente que as ex-colônias tinham se tornado países autônomos politicamente, mas não eram economicamente independentes. Membros da sociedade internacional, eles eram cada vez mais dependentes dos benefícios que os países mais ricos poderiam proporcionar ao sistema global.

A busca pela independência política, econômica e social não impedia a predominância da herança europeia sobre os países recém-independentes. As atitudes de elites governantes ocidentalizadas de antigos Estados dependentes refletiam aquelas dos liberais da Europa. Porém, o modelo europeu era cada vez mais recusado, sendo que membros de outras culturas o consideravam pouco adequado ou mesmo inconveniente para suas sociedades.

No plano internacional, a independência readquirida foi simbolizada pela participação nas instituições da sociedade internacional. Os novos membros da sociedade global passaram a trocar representantes diplomáticos e a serem admitidos como membros da ONU. A aceitação desses novos membros abriu-lhes a possibilidade de participar da reformulação das regras e das instituições da ONU e de proclamar seus próprios valores para a sociedade internacional mundial. Ademais, agências da ONU disponibilizaram assistência e conhecimentos técnicos aos Estados menos desenvolvidos para tal fim.

Apesar de o princípio internacional de autodeterminação conferir o direito legítimo a todos os Estados de escolher sua própria forma de governo, livres de interferência externa, e de se reconhecer na sociedade global a responsabilidade dos países mais fortes de proteger os fracos, registrou-se a persistência da hegemonia no sistema internacional. Países fortes continuaram a determinar regras para a condução das relações internacionais, inclusive no campo econômico. Muitas vezes, a proteção e a assistência oferecidas aos países mais fracos foram utilizadas como moeda em troca de comportamentos tidos como aceitáveis por países ricos.

A ORDEM INTERNACIONAL CONTEMPORÂNEA

A partir do final dos anos 1980, o fracasso do marxismo-leninismo e a desintegração da URSS levaram os EUA a uma posição de liderança ou hegemonia exclusiva no sistema internacional. Por sua vez, a União Europeia buscava a integração regional como forma de aumentar sua força econômica e política. Normas baseadas no acordo e na aquiescência, sob influência das grandes potências, foram sendo criadas ao longo do século, as quais exigiram novas práticas e instituições internacionais.

Na área econômica, imperava a lógica baseada na necessidade de orientar e alimentar o desenvolvimento econômico ordenado no mundo inteiro de forma proporcional à capacidade dos principais Estados. Muitos instrumentos do sistema econômico internacional ao longo do século XX foram oferecidos pelo Banco Internacional para Reconstrução e Desenvolvimento (BIRD / Banco Mundial) e pelo Fundo Monetário Internacional (FMI). O G7 (composto por Reino Unido, EUA, Canadá, Japão, Alemanha, França e Itália, mais a União Europeia) surgiu, nesse contexto, como fórum de discussão e coordenação econômica das principais potências mundiais. Seus membros são vinculados por valores compartilhados, como sociedades abertas e democráticas, e objetivos comuns, como fortalecer a economia global e combater a evasão fiscal.

Na coordenação econômica internacional, o peso dos países foi sendo cada vez mais atrelado à sua contribuição econômica. Quanto mais economicamente desenvolvido o país é, mais ele participa do diálogo econômico internacional. Esse fato acabou levando à formação de coalizões anti-hegemônicas. Países menos desenvolvidos passaram a se unir na coordenação de políticas da maioria mais fraca em busca de independência e segurança econômica coletiva e de assistência, investimentos e mercados de exportação.

No diálogo conhecido como Norte-Sul, a hegemonia tem sido percebida por meio da imposição de normas externas que regulam, por exemplo, serviços da dívida, política cambial, comércio exterior ou mesmo normas para administração da economia dos países menos desenvolvidos aceitáveis para os doadores.

Na medida em que o mercado se tornava cada vez mais global e a velocidade das transformações aumentava na área das comunicações, as pressões do sistema mais integrado se multiplicaram. Novos agrupamentos foram sendo formados, particularmente por meio de confederações regionais, as quais refletem afinidades culturais, proximidade geográfica e complementaridade econômica. A soberania estatal – as liberdades de ação interna e externa de Estados independentes – foi mantida, mesmo que a integração econômica internacional e agrupamentos regionais diminuam a independência dos países.

Em grande medida, normas éticas colocadas por líderes ocidentais e não ocidentais ainda derivam da cultura e dos valores ocidentais. Como contrapeso, tecnologias e contato contínuo criam uma cultura moderna cada vez mais global, a qual determina crescentemente o estilo de vida e os valores de estadistas de elite que tomam decisões internacionais. Por sua vez, normas regionais se tornam mais híbridas.

As diversas turbulências enfrentadas pela sociedade global e multicultural a partir da última década do século XX revelaram que ainda não foram encontradas formas adequadas de ajuste às realidades do sistema. Apesar disso, a estabilidade foi um traço marcante do sistema global do século passado, sobretudo durante os 40 anos após a Segunda Guerra Mundial. Ela foi garantida pelo controle hegemônico e domínio exercido pelas duas potências, junto com o equilíbrio do terror nuclear. Após esse período, o policentrismo crescente indicou o enfraquecimento das duas potências e a recuperação das potências menores. Os processos de integração regional revelaram a força das redes econômicas em construção e os limites da sociedade global.

Desde a segunda metade do século XX, houve a contínua formação de uma rede mundial de interesses e pressões para integração do planeta em um único sistema. Porém, mesmo com a diminuição do controle europeu e o fortalecimento da natureza global do sistema, algumas características europeias continuaram presentes, sobretudo de cunho normativo e tecnológico, revelando a influência do passado.

O fim do período de distensão e renovação da competição entre EUA e URSS, no início dos anos 1980, marcou a volta de um enfoque neoconservador e anticomunista do governo dos EUA. Conforme será estudado no próximo capítulo, a mudança do cenário internacional implicou a perda de espaço para as teses do modelo da interdependência complexa, o qual foi ocupado pela teoria neorrealista de Kenneth Waltz. Se por um lado Waltz confirmou premissas básicas de realistas clássicos – de que, por exemplo, o Estado continuava sendo o ator mais importante das relações internacionais e guiado por seu egoísmo centrado em seu interesse nacional –, por outro ele se aproximou dos neoliberais ao defender que o conflito não é inerente à condição de anarquia, mas contingente segundo as circunstâncias de interação. Anarquia pode gerar cooperação na medida em que o sucesso de uma estratégia individual depende da interação com a estratégia dos demais Estados.

Ao se iniciar o século XXI, a integração do mundo aumentou de forma acelerada com os avanços tecnológicos e novos padrões de pressão e interesses. Porém, ainda impera a ausência de um quadro cultural dominante, o que leva Estados a nem sempre se sentirem ligados por valores e códigos de conduta historicamente traçados. Em tempos mais recentes, fica cada vez mais evidente a convivência da organização e de conceitos europeus com novos modelos institucionais não ocidentais, a exemplo da participação de diversos países ocidentais, incluindo europeus, em iniciativas propostas pela China, como o Banco Asiático de Investimento em Infraestrutura (em inglês: Asian Infrastructure Investment Bank – AIIB). Isso indica que não houve ruptura radical entre o passado e o presente, mas que a *asianização* das relações internacionais é cada vez mais evidente.

O século XXI marca, de forma cada vez mais clara e definitiva, a *asianização* do mundo. Investimentos, guerras comerciais, filmes de Hollywood e admissões em universidades e tantos outros aspectos da vida internacional parecem estar agora acessíveis à influência asiática.

O novo sistema asiático que está tomando forma é uma ordem multicivilizacional que conecta cinco bilhões de pessoas por meio de comércio, finanças, infraestrutura e redes diplomáticas. A China assumiu a liderança na construção das novas Rotas da Seda na Ásia, mas não liderará sozinha. Em vez disso, a Ásia está retornando rapidamente aos padrões seculares de comércio, conflito e intercâmbio cultural que floresciam muito antes do colonialismo europeu e do domínio norte-americano.

O AIIB, cujos membros incluem aliados dos EUA na Ásia e na Europa, adotou padrões de governança que geralmente obedecem a normas internacionalmente reconhecidas e praticadas por bancos multilaterais de desenvolvimento tradicionais. Desde a abertura de suas portas em janeiro de 2016, o AIIB ajuda a preencher uma lacuna em infraestrutura muito necessária na Ásia. O banco está expandindo cautelosamente sua carteira de empréstimos, muitas vezes em conjunto com outros bancos de desenvolvimento, à medida que ganha experiência.

A Iniciativa do Cinturão e Rota (em inglês: Belt and Road Initiative – BRI), descentralizada e empreendedora até o momento, foi proeminentemente financiada pela China. Ambas as iniciativas – AIIB e BRI – ajudaram a encorajar esforços internacionais bem-vindos para lidar com a lacuna de financiamento de infraestrutura. A União Europeia, o Japão e outros doadores internacionais aprimoraram programas de alta qualidade voltados para infraestrutura e muitos estão agora colaborando em projetos do BRI, embora não sejam membros da iniciativa.

Líderes chineses se comprometeram em atualizar e tornar mais multilateral o BRI para atender às pressões internacionais sobre sustentabilidade, transparência e governança, bem como receber mais financiamento do setor privado e participação em projetos.

Nos últimos anos, diante de uma China cada vez mais capacitada política e economicamente, estudiosos passaram a se indagar sobre quais são seus objetivos mais importantes e quais estratégias ela estaria utilizando para alcançá-los. Alguns autores buscam estudar os contornos da grande estratégia chinesa.

Desde o início de seu governo, o presidente chinês Xi Jinping tem o projeto *China Dream* como sua principal inspiração. Ele quer colocar a China no grupo dos países desenvolvidos, transformá-la em potência econômica número um e levá-la a assumir um papel de grande potência do sistema internacional na metade do século XXI.

Na área de segurança, a China tem o objetivo de preservar sua soberania sobre o Mar do Sul e do Leste da China, reforçar seu poder e se transformar em uma potência marítima. Para tanto, busca desenvolver capacidade de gestão, controle e proteção marítima e usar de modo assertivo, efetivo e racional tanto a sua diplomacia quanto seus recursos marítimos. A China também quer se tornar uma potência mundial nas áreas científica e tecnológica. Para tanto, lançou o projeto *Made in China 2025*, que é um plano do governo para criar grandes empresas globalmente competitivas em setores como microchips avançados, carros elétricos, robótica, inteligência artificial, aviação e biotecnologia.

A China também tem como objetivo ampliar a cooperação com vizinhos por meio da promoção do desenvolvimento regional, da segurança via combate aos extremismos, separatismos e demais fatores de instabilidade regional e da afirmação da liderança regional chinesa.

Nos últimos anos, os chineses têm exercido sua liderança e promovido a expansão de seus investimentos tanto na África quanto na América Latina, inclusive em áreas de infraestrutura, energia, matéria-prima e construção civil.

Nas relações com os EUA, a China tem buscado elevar o diálogo mútuo a nível mais importante, incluir novas dimensões de cooperação pragmática e usar novos meios para gestão de diferenças. Por sua vez, a China aplica novo modelo de relações militares, agora mais assertivo.

> **EUA e China: uma nova Guerra Fria?**
>
> Desde o fim da Guerra Fria, observou-se um padrão instável de relações entre EUA e China, caracterizado por momentos de tensão, engajamento e cooperação. Sob Xi Jinping, os dois países muitas vezes convergem e mostram forte interdependência em questões como investimentos mútuos e comércio. Porém, eles diferem em questões estratégicas como disputas territoriais marítimas no leste da Ásia e não proliferação de armas de destruição em massa. Não há muitas vezes acordo sobre o que deve ser feito para remediar o grande e crescente dilema de segurança e forças militares chinesas e norte-americanas voltadas umas contra as outras.
>
> O governo dos EUA ajustou seu balanceamento para a Ásia-Pacífico de forma a reduzir a ênfase pública na força militar. Esta é considerada sensível para a China e para os que querem evitar rompimentos relacionados com sérias diferenças entre China e EUA. O governo norte-americano também buscou organizar eventos, aumentar engajamento e diálogo estruturado de alto nível, diminuir críticas às práticas econômicas chinesas contrárias a seus interesses. Mas também respondeu com firmeza quando ações chinesas sobre áreas em disputa ameaçaram interesses dos EUA ou de seus aliados asiáticos, revelando compromisso dos EUA com a estabilidade regional e manutenção do *status quo*.
>
> Por sua vez, a competição também aumentou entre China e Europa diante de adversidades que investimentos chineses apresentam. Esse contexto de acirramento de disputas levou europeus a estabelecerem mecanismos para ter acesso a informações sobre os sistemas político e econômico da China e particularmente sobre seus investimentos. Com a França, as relações se ampliaram, mas há dúvidas sobre a colaboração de longo prazo entre os dois países. Já a Alemanha tem preocupações diante do aumento da competição tecnológica com a China. Sob um contexto de pressão por relações baseadas em maior reciprocidade e equilíbrio de benefícios, a alternância entre cooperação, competição e conflito tornou-se mais frequente.

A difícil posição da China nas disputas territoriais marítimas, evidente nos confrontos de 2012 com as Filipinas no Mar do Sul da China e com o Japão no Mar da China Oriental, perdurou através da transição da liderança da China com Xi Jinping. Houve importante mudança na política externa chinesa, de maior assertividade perante territórios marítimos em disputa, com sérias implicações para os vizinhos da China e potências preocupadas com tais desdobramentos, incluindo os EUA. Os elementos impulsionadores da nova linha de atuação da China em disputas marítimas incluem o crescente sentimento patriótico e nacionalista na elite e opinião pública chinesas e as crescentes capacidades das forças armadas, da guarda costeira, da pesca e da exploração petrolífera chinesas. As circunstâncias na China e no exterior continuarão a restringir os líderes chineses, parecendo impedir que avancem plenamente, mesmo que grande parte da elite chinesa e da opinião pública favoreça uma abordagem mais assertiva para garantir seus interesses na região da Ásia-Pacífico.

A superação de problemas parece vir em primeiro lugar na agenda chinesa. Há um grande consenso entre sinólogos de que líderes chineses querem sustentar o regime de partido único e consolidar o poder do Partido Comunista chinês. Para isso, a China busca um crescimento econômico contínuo que favoreça os benefícios materiais do povo chinês e assegure o apoio e a legitimidade do governo comunista. O crescimento econômico e a continuidade do governo de partido único exigem estabilidade no país e no exterior, especialmente na Ásia próxima, onde o conflito e o confronto teriam um sério impacto negativo no crescimento econômico chinês. Outros problemas domésticos desafiam o governo da China. Como exemplo, a corrupção enfraquece o apoio público e prejudica a eficiência administrativa; desigualdades impõem desafios ao regime comunista, dedicado a diminuir desfavorecidos; e a economia altamente intensiva em recursos gera enormes danos ambientais.

Por fim, a necessidade de uma grande reforma econômica chinesa é crescente, o que revela que a forte interdependência chinesa com relação ao sistema econômico internacional exige temperança e sabedoria tanto da China quanto de seus principais parceiros internacionais, a começar pelos EUA.

Teorias das Relações Internacionais

O objetivo do presente capítulo é apresentar ao leitor o conjunto mais tradicional de teorias das Relações Internacionais e levá-lo a compreender o que é, como e por que utilizar teorias na análise dos principais fenômenos internacionais.

Diversas teorias da área internacional surgiram desde o início do século XX. Algumas delas contribuíram de maneira fundamental para a criação de quadros analíticos utilizados na interpretação de elementos essenciais das relações internacionais. Primeiramente, são apontadas neste capítulo explicações sobre a importância de se analisar e de se pensar teoricamente sobre as RI. Em seguida, são analisados pressupostos básicos, ferramentas metodológicas e agendas de pesquisa das principais teorias das RI, a exemplo das teorias realista, liberal, marxista, Escola Inglesa e construtivista. Ao longo do capítulo, são destacados elementos que aproximam ou distanciam tais teorias umas das outras.

TEORIA E ANÁLISE

O ato de fazer análise política internacional é muitas vezes considerado um processo ativo e interativo de avaliação crítica e aplicação de uma teoria para compreender um determinado evento internacional.

Ser um analista das relações internacionais significa, desse modo, escolher referenciais teóricos adequados para responder a uma pergunta ou problema político internacional, compreender um tema ou evento, discutir o potencial de mudança política ou social, ou mesmo propor novas interpretações sobre a realidade internacional.

Analistas buscam fornecer explicações para um fenômeno, descobrir regularidades que possam ser medidas estatisticamente e gerar leis, explicações e previsões. A teoria serve, assim, como meio para analisar, explicar, compreender e, potencialmente, mudar o mundo. A teoria não apenas descreve, mas também faz relações de causa e efeito entre eventos. Ela nos permite perguntar como e por que fenômenos particulares aconteceram e quais foram seus impactos. A teoria indica que não é suficiente dizer o que é algo (análise descritiva), sendo necessário dizer por que algo acontece (análise interpretativista). Ou seja, por meio de referenciais ou modelos de análise, é possível compreender por que certos fatos ou comportamentos se interconectam da maneira como o fazem.

Antes de um analista aplicar um quadro teórico para examinar problemas das relações internacionais, ele precisa pensar sobre as suposições que faz a respeito do que é real, do que é possível saber sobre a realidade e sobre como fazer descobertas a respeito dela. A teoria permite avaliar criticamente se faltam alguns elementos em nossa análise aos quais deveríamos dar mais atenção. Inserir na teoria novos elementos da realidade permite construir novas teorias e elaborar análises mais sofisticadas. Teorias nem sempre fornecem soluções para os problemas do mundo, mas criam meios para melhor compreender a complexidade do mundo político.

Nós não usamos teoria apenas para identificar o que procuramos. A teoria também nos ajuda a pensar sobre o posicionamento que nós mesmos repetidamente adotamos quando estamos olhando algo. A consciência disso nos permite refletir sobre o que estamos explicando e o que estamos deixando de explicar.

Quando pensamos teoricamente, é importante refletir tanto sobre o local físico ou a estrutura onde a política ocorre quanto sobre os indivíduos que fazem parte do processo político, constroem estruturas históricas e institucionais e influenciam comportamentos. Compreender a relação entre agentes e estruturas é fundamental para melhor problematizar o mundo. Dessa forma, podemos visualizar temas que merecem ser profundamente estudados.

Em termos gerais, as teorias das RI (TRI) têm como função definir, compreender e explicar as leis que regem a política internacional, assim como identificar padrões de comportamento que se repetem no meio internacional. As TRI também servem para dizer como o mundo é ou como deveria ser, de forma que elementos normativos e valorativos da área de RI, como os relativos aos direitos humanos e justiça social, sejam identificados e aplicados. As TRI podem analisar, igualmente, como são interpretados e utilizados conceitos fundamentais da área, a exemplo da balança de poder, paz e justiça internacionais, e como seus entendimentos são modificados ao longo do tempo a partir das interações constantes entre governos e sociedades internacionais.

Para alguns estudiosos, teorias servem para criticar formas de dominação e propor novas possibilidades de interações sociais. Finalmente, teorias servem para pensar o processo de construção teórica, ou seja, como teóricos selecionam e analisam dados e executam a tarefa de descrever, explicar, prever e prescrever políticas internacionais, por meio de métodos e conceitos próprios.

Os assuntos tratados pelas teorias das relações internacionais são os mais variados e relevantes fenômenos da política mundial, a exemplo do conflito, cooperação, sistema e sociedade internacionais, anarquia, ordem, equilíbrio de poder, autoridade e organização internacional. As características das estruturas internacionais e sua influência sobre as relações econômicas, políticas e socioculturais entre os povos também são igualmente muito estudadas. De forma geral, tanto temas epistemológicos, metodológicos e ontológicos quanto metateóricos são de grande relevância para a agenda de estudos teóricos da área de RI.

Tipos de teóricos

Para os teóricos das RI conhecidos como fundacionalistas, o mundo existe como uma realidade dada e independente de todos nós.

Esses teóricos acham que é possível estabelecer uma verdade sobre o mundo existente. Já os teóricos antifundacionalistas acham que o modo como os teóricos interpretam e interagem com o mundo lá fora os leva a imaginar e a criar diferentes realidades. Para eles, não há uma verdade única sobre o mundo real, mas várias verdades e interpretações concorrentes, as quais dependem da forma utilizada para se perceber a realidade.

Teóricos conhecidos como positivistas acreditam na ciência da política internacional e na possibilidade de se saber sobre como o mundo é por meio da investigação empírica, que gera observações mensuráveis e que podem ser quantificadas posteriormente. Acontece que os problemas das ciências naturais são bem diferentes daqueles existentes nas ciências sociais, sendo o método das ciências naturais considerado por muitos pesquisadores como inapropriado para compreender as ciências sociais. Isso ocorre porque o estudo da política é sobre seres humanos, que não agem de forma previsível, não possuem muitos atos mensuráveis ou quantificáveis. Teóricos interpretativistas rejeitam o cientificismo, estudam elementos de natureza contingencial a respeito da realidade, dão atenção a elementos não observáveis, como normas, valores e identidades. A análise para eles é sobretudo normativa, ou seja, influenciada por valores e com objetivos emancipatórios.

A seguir, são examinadas algumas das teorias clássicas das Relações Internacionais e a influência que métodos de investigação empíricos e interpretativistas exercem sobre elas.

REALISMO

O realismo político é a mais antiga e mais frequentemente utilizada teoria das Relações Internacionais. Há diversas vertentes de pensamento dentro da teoria realista, as quais colaboram para a riqueza de sua história e de seus princípios básicos. O objeto de estudo costuma ser o elemento comum às diversas vertentes realistas, o qual se concentra nos elementos do poder, nas guerras e suas causas, assim como nas condições de estabilidade da ordem internacional.

A primeira ideia-chave que o realismo defende é que a anarquia internacional – ou seja, a ausência de um governo central mundial que possa ditar, interpretar e aplicar regras de forma legítima –, estrutura na qual as relações internacionais se inserem, é sinônimo de guerra, já que não há nenhuma autoridade central em condições de impedir o uso da força pelos atores internacionais. O sistema internacional anárquico, segundo os realistas, é baseado no poder, mas desprovido de autoridade na forma de instituições capazes de formular e fazer cumprir regras de conduta, com exceção de mecanismos coercitivos fundados no consenso global. A ausência do monopólio do uso legítimo da força significa que predomina a coexistência (e não a harmonia baseada na cooperação) entre soberanos que não querem abdicar do uso da força em favor de nenhuma terceira parte. Isso gera como consequência a desconfiança permanente entre todos e a sobrevivência como único objetivo possível. A segurança é considerada o resultado de um jogo de soma zero, ou seja, aquele em que para um Estado ganhar, o outro tem de perder. Thomas Hobbes descreveu como "estado de natureza" a situação nas relações internacionais na qual vários atores são responsáveis pela própria sobrevivência. Tal situação seria permanente e incontornável nas relações internacionais.

A segunda ideia-chave da teoria realista é que os principais atores das relações internacionais são os Estados, cujo objetivo primordial é garantir sua sobrevivência e maximizar seu poder. No plano doméstico, o Estado tem a função de promover a estabilidade e a segurança de seus cidadãos contra agressões externas e exercer o monopólio do uso legítimo da força para tanto. O interesse nacional, definido a partir da potência que se tem em comparação com os constrangimentos presentes no sistema internacional, pode ser alcançado de maneira independente ou por meio de alianças. Os realistas consideram ainda que o Estado é unitário, ou seja, se expressa representando o interesse nacional de forma homogênea e uniforme. Ele também é racional ao procurar as opções presentes no plano internacional que tenham o menor custo e produzam o maior benefício possível.

A terceira ideia central realista é que, em um ambiente anárquico, o equilíbrio de poder entre as potências constitui-se na única forma de regulação capaz de gerar ordem e estabilidade internacionais, mesmo que precárias. Para alguns autores realistas, o poder é definido como a soma das capacidades do Estado, as quais podem ser políticas, militares, econômicas e tecnológicas. Para outros, poder é sempre relativo e deve ser medido em comparação com o dos demais Estados com os quais se compete. Ter poder significa ainda ter a capacidade de influenciar o sistema internacional mais do que ser influenciado por ele.

Decorrente do conceito de poder, equilíbrio de poder indica situações em que Estados se juntam contra ou a favor dos que têm mais poder. Sendo assim, um equilíbrio (ou balança) de poder surge por meio de uma aliança provisória ou permanente entre dois ou mais Estados para defender interesses comuns e para garantir a estabilidade do sistema internacional. Há duas distribuições (ou balanças) possíveis no sistema internacional: a bipolar, em que apenas duas grandes potências concentram a maior parte do poder no sistema internacional, e a multipolar, quando o poder é distribuído entre mais de duas potências.

Há muitas variantes realistas, a exemplo das vertentes clássica e neorrealista, cujos pensadores contribuíram para a geração de diferentes interpretações e riqueza analítica da teoria realista. Duas variantes e seus respectivos autores serão apresentados a seguir.

Realismo clássico

Realistas clássicos enfatizam os constrangimentos sobre a política impostos pelo egoísmo humano. Sem negar a centralidade da anarquia presente no sistema internacional, realistas clássicos explicam que o orgulho, a luxúria e a busca por glória levam à guerra de todos contra todos, indefinidamente.

Thomas Hobbes, realista clássico que publicou a famosa obra *Leviatã*, em 1651, produziu uma teoria que dá peso aproximadamente igual à natureza humana e ao sistema anárquico internacional como causas da guerra. O autor afirmava que seres humanos são motivados por competição, desconfiança e glória, condições cuja combinação produz guerras gerais. A escassez impede que cada um tenha tanto quanto deseja, o que torna os seres humanos inimigos uns dos outros. A lógica hobbesiana de conflito só pode ser dissipada se uma (ou mais) das afirmações de seu modelo não se sustentar ou for compensada por outras forças. Por exemplo, desequilíbrio de poder entre Estados pode levar a uma ordem hierárquica, o que impede conflito ou violência entre eles. Por sua vez, o desejo de paz e razão pode levar ao acordo entre Estados, o que para Hobbes é pouco provável de acontecer devido às paixões egoístas e ausência de governo central para aplicar regras de cooperação.

Em *Power Among Nations* (2003), Hans Morgenthau, realista clássico e um dos primeiros teóricos das RI, afirmava que a luta pelo poder é universal no tempo e no espaço, que a ordem política é racional e moral, derivada de princípios abstratos e válidos universalmente. Para Morgenthau, a natureza humana é boa, maleável, mas sem limites. A causa da guerra está, assim, relacionada não apenas à incapacidade de a ordem social corresponder às normas racionais, mas sobretudo à falta de conhecimento e de inteligência humana, a instituições sociais antiquadas e à perversidade de alguns indivíduos ou grupos isolados. A educação, a reforma das instituições e o uso esporádico da força podem eventualmente remediar os defeitos do sistema internacional. Porém, o mundo segue imperfeito principalmente devido às forças inerentes à natureza humana e, para tornar o mundo melhor, deve-se agir com essas forças e não contra elas. Os princípios morais não podem ser totalmente realizados quando há interesses opostos, devendo-se, o máximo possível, aproximar-se do equilíbrio, o qual será sempre provisório e gerador de soluções que serão quase sempre precárias.

Hans Morgenthau propôs uma análise baseada em seis princípios básicos. O primeiro princípio indica que a política é governada por leis que refletem a natureza humana. Assim, para entender a política é preciso analisar, utilizando a razão e a busca de evidências, o que há de mais profundo e imutável no ser humano.

O segundo princípio aponta que todos os Estados têm o mesmo objetivo: o poder. O uso da razão voltado para a busca do poder caracteriza a esfera política. Assim, uma política externa racional é a que minimiza riscos e maximiza benefícios, que se utiliza da prudência e visa o sucesso.

O terceiro princípio indica que o interesse pertence à essência da política e não é afetado pelas circunstâncias de tempo e lugar. Porém, o tipo de interesse que determina a ação política num dado período da história depende do contexto político e cultural em que a política externa é formulada. A expressão do poder varia, assim, com o contexto e o lugar nos quais esse poder é exercido.

O quarto princípio aponta que, no exercício do poder, elementos morais servem como guias da ação política, mas devem ser subordinados à segurança do Estado e aos interesses da ação política. Ademais, o quinto princípio afirma que fatores morais não podem ser considerados universais, pois são específicos a cada sociedade e não podem ser exportados para o resto do mundo. Por fim, Morgenthau afirmou no sexto e último princípio que a política estuda fenômenos específicos, sendo por isso considerada legitimamente autônoma em relação às demais esferas sociais.

Neorrealismo

Os chamados teóricos neorrealistas dão maior destaque do que realistas clássicos aos efeitos da anarquia sobre a estrutura política internacional. Para neorrealistas, a anarquia encoraja a expressão dos mais negativos aspectos da natureza humana na luta pelo poder.

A influência do realismo estrutural de Kenneth Waltz foi bastante importante nas últimas décadas e buscou enfatizar os constrangimentos impostos pela estrutura do sistema internacional sobre as ações dos Estados. Estruturas políticas, segundo o autor, são definidas por seus princípios ordenadores (como os Estados se relacionam uns com os outros), pela diferenciação de funções (como as funções políticas são distribuídas entre Estados) e distribuição de capacidades (como o poder é distribuído entre os Estados).

Para Waltz, Estados são ordenados seja pelo princípio da hierarquia (quando um Estado está subordinado à autoridade de outro), seja pelo da anarquia (quando não há subordinação a um Estado mais poderoso). Quando o princípio ordenador do sistema internacional é a anarquia, as diferenças funcionais entre os Estados não existem, o que os obriga a serem capazes de cuidar de si mesmos, e a não contar com ninguém mais para tanto (devendo cada um se basear em um sistema de autoajuda).

Sendo assim, sob a anarquia, Estados são unidades que possuem em comum suas características (egoístas e preocupados com seu próprio poder e segurança) e funções (autoajuda). O único fator capaz de diferenciar um Estado do outro é sua capacidade de exercer poder. Por sua vez, o sistema é definido em função do número de Estados altamente capazes de criar um polo de grande concentração de poder, podendo ser unipolar (uma única grande potência), bipolar (duas grandes potências) ou multipolar (três ou mais potências).

LIBERALISMO

Os liberais clássicos, os quais inspiram teóricos liberais das relações internacionais, preocupam-se com as relações entre indivíduos, sociedades e governos tanto no plano doméstico quanto no internacional.

Liberais afirmam que os seres humanos são capazes, por intermédio do uso da razão, de definir seu destino de maneira autônoma. O ser humano é livre porque é capaz de decidir o que é bom e justo como indivíduos e membros de uma comunidade. Apesar de os liberais considerarem o ser humano egoísta por natureza, certos mecanismos que caracterizam o funcionamento das sociedades, como o mercado, fazem com que o bem-estar geral cresça.

As sociedades bem-ordenadas tendem a ser autorreguladas, ou seja, a corrigir, por meio de instituições e processos inerentes a sua organização, os desequilíbrios, ineficiências e crises que ameacem sua existência e reprodução. Além disso, teóricos liberais afirmam que as organizações políticas modernas asseguram condições para o progresso contínuo e inevitável das sociedades humanas. Livres das amarras de velhas tradições e ordens sociais que cerceavam sua autonomia e liberdade, os seres humanos podem desenvolver suas capacidades, praticamente ilimitadas, na busca do bem comum.

O Estado é percebido pela teoria liberal como um mal necessário e uma ameaça possível. Ele é necessário para proteger os indivíduos contra grupos e sujeitos que, internamente, não respeitem o império da lei e contra as mais diferentes ameaças externas. A desconfiança em relação ao Estado é um traço marcante da tradição liberal. Do ponto de vista interno, o risco do exercício tirânico do poder, que cerceia as liberdades individuais, sempre existe. Do ponto de vista externo, os Estados, em busca sem trégua pelo poder, estão constantemente minando a paz e promovendo guerras. A situação de conflito potencial que caracteriza o sistema internacional – fruto da promoção de conflitos armados pelo Estado – é uma ameaça permanente à liberdade no interior do Estado. Além disso, a missão do Estado de defender a sociedade das ameaças externas coloca riscos ao ordenamento doméstico de comunidades políticas que aspiram à liberdade.

Após a Segunda Guerra Mundial, o liberalismo tornou-se uma das teorias que mais desafiariam o realismo, que já era uma teoria dominante na área de Relações Internacionais. De fato, não apenas guerras, mas também a negociação, o comércio e a cooperação internacional voltaram a compor as rotinas fundamentais das relações internacionais.

Nesse sentido, liberais concordam com os realistas quanto à natureza conflituosa da anarquia internacional. Para ambas as correntes teóricas, uma sociedade sem governo dá lugar a discórdias incessantes entre interesses divergentes. Porém, liberais acreditam que a situação de conflito pode ser mudada. O progresso pode transformar o sistema de Estados em uma ordem mais cooperativa e harmoniosa. Isso ocorreria particularmente por meio do livre-comércio, da democracia e das instituições internacionais, conforme será explicado a seguir.

RELAÇÃO DA PAZ COM COMÉRCIO, REGIMES POLÍTICOS E INSTITUIÇÕES

Para Montesquieu (1689-1755), a paz é o efeito natural do comércio, que gera uma relação de mútua dependência entre as nações. Já Immanuel Kant (1724-1804) acreditava que a intensificação de trocas entre países contribuía para o desenvolvimento do princípio da hospitalidade, que, por sua vez, é considerado um elemento fundamental de uma paz cosmopolita. Pensadores ingleses, por seu turno, coincidiam na defesa das vantagens econômicas e políticas do comércio internacional. Para eles, a expansão do comércio faz com que a troca se torne o principal padrão de relacionamento entre países, substituindo a guerra. Os conflitos armados prejudicam a atividade econômica doméstica e fazem com que o comércio quase cesse. Este é necessário para o bem-estar das nações, uma vez que explora a complementaridade de economias mais bem dotadas de recursos naturais e mão de obra em setores diferentes.

Para os liberais, o comércio internacional é indispensável para o desenvolvimento econômico e aumento progressivo da prosperidade das sociedades modernas. Ele cria laços entre as nações, que assim reduzem as chances de adoção de políticas agressivas contra os parceiros. O intercâmbio comercial cumpre função civilizadora nas RI ao estimular o contato e a tolerância entre culturas diferentes, estabelecer canais de comunicação, aumentar as áreas de interesse comum e promover a cooperação para garantir a contínua expansão dos mercados mundiais. À medida que se aprofunda a interdependência econômica entre as nações, a reciprocidade é cada vez mais assumida como base para o relacionamento entre Estados. Mais ainda, liberais acreditam que o comércio contribui para desenvolver um sentimento moral de comunhão de interesses e valores de toda a humanidade. Em compensação, políticas mercantilistas são muito criticadas por limitarem a liberdade comercial ao tentarem proteger o mercado nacional para favorecer certos setores da economia de um país. As guerras, aliás, têm frequentemente o objetivo de conquistar mercados para grupos econômicos privilegiados.

Por sua vez, teóricos liberais afirmam que existe uma relação direta entre regimes políticos e paz. Eles defendem que Estados democráticos tendem a manter relações pacíficas entre si. Conforme o número de países governados de forma democrática cresce, uma espécie de zona estável de paz e prosperidade se estabelece. Immanuel Kant formulou o conceito de federação pacífica para se referir ao conjunto de Estados que compartilham uma forma republicana de governo. Os princípios que regem as repúblicas modernas incluem a proteção dos direitos individuais, o estado de direito, a legitimidade do governo com base na representação e no consenso, a transparência e a publicidade nas decisões do Estado.

A origem das guerras, de acordo com Kant, está baseada em formas de governo imperfeitas. Estados absolutistas não deviam qualquer satisfação a seus súditos ao tomarem decisões de política externa. Ambições territoriais quase sempre se confundiam com interesses dos senhores feudais, que em geral não levavam em consideração as consequências de aventuras militares sobre o bem-estar da população em geral, que arcava com os maiores custos das guerras. Em contrapartida, a política externa de regimes republicanos tenderia a ser muito mais prudente e resguardada por ser mais comprometida com os interesses da sociedade em geral. A resolução de conflitos em tais regimes se dá pelo Direito Internacional e pelo compromisso com instituições que reduzem a possibilidade de uma agressão armada. A semelhança das instituições políticas de Estados republicanos favorece igualmente o intercâmbio econômico, político e cultural, do qual surgem laços de familiaridade e, eventualmente, de amizade que limitam as fontes de conflito.

A opinião pública é um fator determinante na definição de uma política externa racional e moderada. Visto que governos se tornam representativos dos anseios da sociedade, as decisões importantes sobre o envolvimento de um país em um conflito externo, por exemplo, devem necessariamente se submeter ao crivo da opinião pública. No plano internacional, a opinião pública contribui para reduzir conflitos ao permitir que Estados tenham uma visão mais clara e transparente do processo de tomada de decisão de seus vizinhos. Ao contrário, a prática da diplomacia secreta aumenta a insegurança e o medo ao esconder as reais intenções de um Estado. Ao passo que povos livres se manifestam acerca da conduta internacional de seus governantes, é formada uma opinião pública favorável à resolução pacífica dos conflitos.

Para a grande maioria dos autores liberais, a fusão de Estados nacionais em um único Estado mundial seria desastrosa, pois produziria uma estrutura impossível de administrar eficazmente e representaria uma tentação e um perigo constantes de tirania por gerar um governo poderoso demais. O resultado seria, quase certamente, uma guerra civil permanente. Ao contrário do governo mundial, os liberais lembram que boas instituições são necessárias e imprescindíveis para garantir a liberdade e o bem-estar da sociedade internacional. Sendo assim, sociedades bem-ordenadas tendem a ser autorreguladas, ou seja, capazes de corrigir, por meio de instituições e processos inerentes a sua organização, desequilíbrios, ineficiências e crises que ameacem sua existência e reprodução.

A ideia de sociedade internacional de Hugo Grotius (1583-1645) sugere que a lealdade à humanidade e ao Estado pode ser complementar e que os principais sujeitos do Direito das Nações são os Estados. Apesar de o jurista concordar com a ideia de sociedade universal, ele não defendia a formação de instituições supranacionais para promover a paz e resolver conflitos. Os Estados deveriam ser capazes de fazê-lo individualmente ou por meio de alianças ou tratados.

Kant, por sua vez, não acreditava na hipótese de que Estados estariam necessariamente submetidos ao Direito Natural. Ao contrário, a conduta moral dos governantes seria resultante da deliberação racional sobre a melhor forma de realizar o bem comum. Kant propôs a construção de um aparato jurídico internacional e cosmopolita que sustentasse a Federação Pacífica e contribuísse para sua expansão. Seria necessário, assim, criar uma estrutura supraestatal (a Federação) e fortalecer o Direito Internacional como mecanismo para a solução pacífica de controvérsias e, se possível, expandir a zona de paz para outras regiões do sistema internacional.

Durante a segunda metade do século XX, novas vertentes da teoria liberal – a exemplo do funcionalismo, neofuncionalismo, interdependência complexa e institucionalismo neoliberal – buscaram explicar como e por que a cooperação internacional estava novamente ocorrendo no sistema global, alguns anos após a Segunda Guerra Mundial. Tais vertentes do liberalismo serão explicadas a seguir.

TEORIAS FUNCIONALISTA E NEOFUNCIONALISTA

A teoria funcionalista utiliza como método de análise a observação científica da realidade. Seu objeto de estudo são os mecanismos que reforçam a possibilidade de cooperação internacional. *Funcionalismo* significa que "a forma segue a função". No plano internacional, isso quer dizer que Organizações Internacionais (OI) se estruturam de acordo com a função que devem desempenhar.

O lema do funcionalismo é que a integração internacional deve acontecer por etapas e por meio da formação de redes de OI, as quais devem se especializar e assumir funções específicas e consideradas importantes por governos nacionais. Na prática, isso leva a um compartilhamento de deveres e responsabilidades entre Estados e OI, ou mesmo de cessão de parcelas da soberania às OI para melhor desempenho de funções técnicas.

David Mitrany (1888-1975) foi um importante precursor da teoria funcionalista e possuía grande otimismo quanto à possibilidade de se atingir paz duradoura baseada na cooperação. Para funcionalistas como ele, indivíduos devem possuir uma visão utilitarista e maximizar benefícios materiais em busca da felicidade. A difusão de soluções técnicas gera vínculo virtuoso de crescimento da cooperação e promove a multiplicação de OI funcionais. O processo de *spill-over*, ou de transbordamento, gera uma ampliação gradual dos processos racionais de organização das políticas públicas em âmbito internacional, incluindo a transferência de *know-how* para diferentes setores da vida social.

Para os funcionalistas, a separação entre projetos políticos e tarefas técnicas é necessária para que os objetivos de cooperação sejam atingidos. Ou seja, eles recomendam que decisões técnicas não sejam influenciadas por jogos de poder. Teóricos neofuncionalistas acreditavam que os funcionalistas possuíam uma visão ingênua da relação entre política e técnica. Para eles, a integração internacional depende de decisões de natureza política. Por essa razão, não seria possível separar decisões técnicas das decisões políticas.

O teórico neofuncionalista Ernest Haas (1921-1986) realizou a incorporação da dimensão política nas análises sobre integração. Para ele, a racionalidade técnica não garantia a continuidade da cooperação internacional. De fato, a influência das elites nacionais na tomada de decisão levava à continuidade das ações de cooperação internacional. Em geral, estudos neofuncionalistas deram ênfase aos processos de aprendizagem dos agentes envolvidos nas decisões sobre integração dos benefícios.

A partir dos anos 1970, autores como Robert Keohane e Joseph Nye (1972) passaram a enfatizar a promoção da cooperação e da competição internacionais surgida do aumento da interdependência entre Estados e atores não estatais, sobretudo de Empresas Multinacionais.

TEORIAS DA INTERDEPENDÊNCIA COMPLEXA E INSTITUCIONALISMO NEOLIBERAL

Para os liberais como Robert Keohane e Joseph Nye, o mundo deve ser percebido sobretudo por diferentes arranjos políticos, econômicos e sociais estabelecidos por agentes subnacionais, nacionais, transnacionais e supranacionais. Com o tempo, a visão desses dois autores liberais se modificou para dar maior atenção ao papel e à importância dos Estados, considerados por eles os principais atores das relações internacionais, o que os aproximou da corrente realista.

Porém, ao contrário da teoria realista, a teoria da interdependência complexa criada por Keohane e Nye indicava que estavam acontecendo mudanças na natureza e capacidade de exercício da balança de poder estatal. O poder militar deixava de ser o elemento determinante nos resultados políticos importantes. Ampliavam-se as agendas e atores considerados importantes nas relações internacionais. Com isso, surgiam novas sensibilidades e vulnerabilidades estatais, as quais, por sua vez, geravam diferentes distribuições de poder entre estes e os demais atores internacionais.

Afastando-se de sua preocupação anterior com as relações transnacionais e interdependência, Robert Keohane assumiu a tarefa de explicar a cooperação sob a anarquia. Em seu livro *After Hegemony* (1984), ele propôs uma teoria neoliberal de cooperação internacional, a qual incluía três elementos do neorrealismo: a importância da anarquia internacional na formação do comportamento do Estado, o Estado como o ator mais importante da política internacional e a afirmação de que Estados são egoístas. Suas conclusões foram, porém, diferentes das alcançadas por neorrealistas. Ele afirmou, por exemplo, que a anarquia não era capaz de determinar sozinha a natureza da cooperação internacional. A existência de interesses comuns sustentados por uma autoridade internacional poderia ser capaz de diminuir o medo de os parceiros trapacearem; e informações suficientes aumentavam as chances de o parceiro saber se havia interesses comuns com outros Estados. A superação de obstáculos presentes na cooperação internacional poderia ser atingida por meio da construção de regimes internacionais, definidos por Stephen Krasner (1983) como conjuntos de princípios, normas, regras e procedimentos de tomada de decisão implícitos ou explícitos em torno dos quais as expectativas dos atores convergem em uma determinada área das relações internacionais. Regimes aumentam o custo da trapaça, reduzem os custos de transação e ampliam o número de informações disponíveis, facilitando, portanto, a cooperação sob anarquia internacional.

Segundo institucionalistas neoliberais, dentro ou fora dos regimes, instituições internacionais aumentam o fluxo de informações, diminuem incertezas, melhoram a coordenação entre atores através da comunicação e exercem monitoramento e controle no cumprimento dos compromissos e acordos firmados. Tais medidas moldam o comportamento dos atores e diminuem a trapaça.

Regras e procedimentos oferecidos pelas instituições internacionais aumentam a clareza sobre como os atores se comportarão ao longo do processo de interação, ou seja, elas proporcionam um ambiente mais favorável à realização de interesses ao gerar mais transparência e informação. Nesse sentido, instituições agem para corrigir deficiências do sistema e obstáculos à cooperação que surgem das imperfeições do mercado e de fatores como assimetrias acentuadas, distribuição desigual de ganhos e problemas políticos domésticos. Assim, a partir dos efeitos que as instituições têm sobre suas políticas, Estados redefinem seus interesses, seja no interior dos ambientes das instituições, seja a partir da relação entre esse ambiente e o espaço doméstico.

A principal característica da anarquia, de acordo com neoliberais, é a descentralização das estruturas de governança e a formação de instituições a partir das necessidades circunstanciais dos Estados em certas áreas específicas de questões. Institucionalistas neoliberais afirmam a necessidade de construir instituições para melhor ordenar a política mundial, sem recair no idealismo dos anos entre as duas guerras mundiais. Instituições coordenam estratégias e mudam interesses dos Estados, os quais são menos determinados pela preocupação com a segurança do que com a maximização de oportunidades. Estados buscam retornos crescentes em diversas áreas de sua atuação com vistas a aumentar seu bem-estar, se envolvem em jogos de motivações mistas, nos quais não há uma hierarquia clara entre as diferentes questões. É possível deduzir os interesses dos Estados baseando-se na premissa racionalista de que Estados são egoístas.

Finalmente, neoliberais afirmam que a governança global é importante, sendo necessário construir estruturas de autoridade de alcance mundial, mesmo que isso represente redução da autonomia dos Estados. Assim, o ordenamento do sistema internacional somente pode ser alcançado por meio do fortalecimento de instituições, do crescimento do comércio internacional e da difusão de valores liberais. Ou seja, a paz é resultado desse contínuo processo de construção de relações de cooperação por meio de instituições e regimes internacionais e não apenas um valor a ser perseguido de forma abstrata e aleatória.

ESCOLA INGLESA

A Escola Inglesa surgiu a partir da fundação do British Committee on the Theory of International Politics em 1959. Alguns anos depois, em 1966, foi publicado o *Diplomatic Investigations*, o qual apresentou o conceito de Sociedade Internacional. Uma nova fase importante da Escola Inglesa ocorreu em 1977 com a publicação tanto do livro *Sociedade anárquica*, de Hedley Bull, quanto do livro *Sistema de Estados*, de Martin Wight. Nos anos seguintes, novas gerações de teóricos deram continuidade aos trabalhos de seus predecessores. Muitos desses autores buscaram relacionar a Escola Inglesa com outras abordagens teóricas, incluindo vertentes mais críticas e solidárias à sociedade internacional.

Assim como os liberais, pensadores da Escola Inglesa preocupam-se com o grau de anarquia do sistema internacional. E, ao contrário dos realistas clássicos, eles defendem a tese de que a anarquia não leva necessariamente ao caos e pode gerar um tipo de sociedade composta por Estados que interagem de acordo com algumas convenções. Para os teóricos da Escola Inglesa, a ordem pode ser obtida não apenas por meio da guerra, mas também por diplomacia, Direito Internacional, equilíbrio de poder e pelo papel exercido por grandes potências.

As suposições fundamentais dessa corrente teórica são que as relações internacionais se assemelham às demais relações humanas, a partir de valores como independência, segurança, ordem e justiça. Essa corrente acredita na existência de uma sociedade que é ao mesmo tempo anárquica e constituída por instituições, normas e regras próprias, as quais contribuem para o surgimento de sentimentos comuns entre os Estados que a compõem.

A Escola Inglesa é uma abordagem que privilegia o método histórico e a análise institucional para compreender os seres humanos e os valores políticos, ideias e ideologias que utilizam para formular a política mundial. Seu pensamento tem origem na Filosofia, História e Direito e suas reflexões teóricas são fruto do exercício do julgamento, de escolhas morais difíceis, de avaliações que implicam a capacidade de ponderar quais valores podem, ou não podem, ser colocados em risco. Ao contrário da teoria neorrealista, a Escola Inglesa discorda de que há uma estrutura da política internacional que opere de acordo com regularidades, com as quais se elaboraria uma teoria científica da política internacional, apta a fazer previsões. Porém, concorda com a tese realista de que a existência da ordem internacional é fundamentalmente baseada em Estados.

Hedley Bull ensina que é possível alcançar tanto ordem doméstica quanto internacional. Para o autor, ordem ocorre quando "coisas" estão relacionadas entre si de acordo com uma estrutura e com algum princípio discernível. Com base em uma concepção finalística, Bull afirma que a ordem almejada envolve a criação de uma estrutura de conduta que leve a um resultado ou fim particular e que promova determinadas metas ou valores.

No plano doméstico, a ordem deve permitir o alcance de três objetivos sociais elementares: garantir que a vida seja protegida contra a violência que leve os indivíduos à morte ou produza danos corporais; permitir que promessas feitas sejam cumpridas e que acordos pactuados sejam implantados; assegurar que a posse das coisas seja estável, sem estar sujeita a desafios constantes e ilimitados.

A ordem pode ser definida em termos de obediência a normas de conduta e a regras da lei. A conduta sujeita à ordem é previsível, ou seja, se ajusta a leis que podem ser aplicadas a outros casos no futuro, assim como no passado e no presente. A ordem também pode ser definida sem a necessidade de regras, por meio do uso de costumes e tradições.

No plano internacional, a ordem é definida por Hedley Bull como um padrão de atividades que sustenta os objetivos mais importantes da sociedade composta por Estados.

Na Sociedade Internacional, grupos de Estados são conscientes de certos valores e interesses comuns e se consideram intimamente ligados uns aos outros graças ao compartilhamento de visões de mundo comuns. No seu relacionamento, organizam-se por meio de um conjunto comum de regras e da participação em instituições multilaterais. As características mais comuns de sociedades internacionais são a existência de uma cultura ou civilização comum ou pelo menos de alguns elementos de tal civilização, como idioma, visão do universo, religião, código estético e tradição artística. Tais elementos facilitam a comunicação e melhoram a compreensão recíproca de Estados participantes, assim como ajudam a viabilizar a definição de regras comuns e desenvolvimento de instituições compartilhadas.

Segundo a Escola Inglesa, o primeiro objetivo elementar da Sociedade de Estados é garantir que ela continue a ser a forma predominante da organização política mundial, de fato e de direito. Ou seja, Estados querem manter a sociedade em que eles são os principais atores. O segundo objetivo é a manutenção da independência ou da soberania externa dos Estados. O terceiro objetivo é a manutenção da paz ou ao menos da não guerra entre os Estados, aceitando-se conflitos diretos apenas em circunstâncias excepcionais. Por fim, os objetivos comuns a toda vida social também são parte dos objetivos da Sociedade de Estados, quais sejam: limitar a violência (preservação da vida), garantir a aplicação das regras existentes (manutenção da verdade), respeitar a soberania (proteção da propriedade).

Hedley Bull afirmava que o sistema político global começou a se formar a partir da segunda metade do século XIX graças à expansão do sistema de Estados europeus por todo o globo e sua transformação em um sistema de Estados de dimensão global. Em um primeiro momento, sobreveio a expansão dos Estados europeus pelo mundo. Em seguida, nasceram diversos novos Estados independentes por meio do fim do controle europeu e que foram logo incorporados à sociedade global.

Para Bull, apesar de desejada, é muito difícil alcançar uma ordem mundial baseada em indivíduos e que mantenha os objetivos elementares da vida social em uma única sociedade mundial. A ordem existente e possível ocorre dentro dos Estados e entre Estados, não havendo ordem reunindo ao mesmo tempo toda a humanidade.

Escritos mais recentes da Escola Inglesa procuram desenvolver potencialidades normativas e interpretações inovadoras sobre questões-chave da sociedade internacional. Destacam-se os trabalhos que colocam as vítimas da sociedade internacional (e o sofrimento humano) no centro dos debates. O papel da sociedade de Estados na promoção da justiça na política mundial e na legitimação de novas práticas de intervenções humanitárias, assim como o lugar da ética na política externa e a abertura e fechamento moral a outras sociedades nacionais são outros temas que receberam atenção desses teóricos, ampliando as reflexões da Escola Inglesa.

MARXISMO E TEORIA CRÍTICA

Karl Marx não produziu uma análise consistente sobre RI. Porém, teorias marxistas e neomarxistas têm contribuído de forma essencial para a compreensão do sistema internacional ao adotar como pressuposto o papel estruturador das relações de produção e o papel central das classes sociais nas relações internacionais.

A dimensão histórica é incorporada no estudo marxista dos fenômenos, que destaca a economia política internacional como variável fundamental para entender as RI. Marx rejeitava a separação entre economia e política e entre as esferas pública e privada. A emergência de uma forma institucional que diferencie a esfera do Estado da esfera da economia seria apenas uma abstração necessária para a consolidação e para a perpetuação do sistema capitalista.

Marxistas adotam a percepção da impossibilidade de ciência neutra. A realidade, produto social, é construída pelo ser humano, sendo este um ser histórico, não havendo como desvinculá-lo do contexto no qual está inserido. Para o historicismo, presente na análise marxista, tanto a natureza humana quanto as estruturas de interação social mudam, mesmo que muito lentamente. Sendo assim, a suposição da existência de um comportamento internacional sob uma lei geral que alega objetividade é teoricamente empobrecedora e intelectualmente debilitante. A valorização da sociologia histórica parece convergir com a perspectiva marxista.

As forças produtivas são o motor da história e o desenvolvimento destas é o fator dinâmico sobre o qual repousam as relações sociais. Por sua vez, teóricos marxistas criticam a limitação analítica de realistas. A questão não é o balanço de poder, mas as razões que o determinam, assim como as formas de dominação.

Segundo Karl Marx, a análise socioeconômica do funcionamento do capitalismo permite compreender por que seres humanos são explorados no regime de propriedade privada e por que esse regime está condenado a evoluir em direção a uma revolução que o destruirá. O capitalismo é uma formação histórica, e não simplesmente uma forma mais racional, eficiente e tecnologicamente desenvolvida para a produção de mercadorias. Sua essência é a busca do lucro. As relações humanas são um produto de sua própria ação, e não o resultado de forças da natureza que não podemos controlar. Relações de troca entre grupos geram o crescimento da produtividade e da taxa de lucros, mas não necessariamente o aumento do bem-estar e da renda dos trabalhadores; ao contrário, tais relações levam a um nível mais elevado de exploração. Nesse sentido, a história é um processo governado por contradições e antagonismos associados à forma de organização da produção material dos bens necessários à reprodução das sociedades humanas.

O regime capitalista é capaz de elevar permanentemente sua produção, mas a miséria continuará sendo sempre o destino da maioria da população. A produção de riqueza no capitalismo está baseada na exploração do proletariado pela burguesia. Proprietários acumulam lucros ao não remunerar parte do trabalho do operário no processo de criação de valor. Pauperização é o processo pelo qual os proletários tendem a se tornar cada vez mais miseráveis à medida que se desenvolvem as forças de produção.

Para marxistas, a expansão do capitalismo será bloqueada por suas próprias contradições, que o levarão à estagnação e à sua superação por um novo modo social de produção. Assim, as tendências à estagnação (mercados cada vez mais reduzidos), à concentração do capital (desigualdades que geram revoltas cada vez maiores) e à queda da taxa de lucro (capitalistas mais descontentes) conduzirão o sistema econômico capitalista global ao declínio.

No marxismo, a alienação indica que o proletariado se tornou estranho a si mesmo devido às condições impostas pela sociedade. Ideias, regras e estruturas resultantes de práticas sociais, envolvendo exploração, são tratadas como realidades fora do controle da ação humana. A alienação limita a capacidade de intervir na realidade e gerar mudança. O trabalho deixa de ser uma expressão do próprio ser humano para se tornar um instrumento de pura sobrevivência.

Marx acreditava que o proletariado seria um dia capaz de tomar consciência de sua condição de explorado e de sua alienação e de lutar contra o sistema. A revolução proletária levaria então à emancipação dos seres humanos, pondo fim às classes e ao caráter antagônico da sociedade capitalista, ou seja, da natureza artificial das estruturas que limitam nossa liberdade. Essa situação conduziria à construção de uma sociedade igualitária.

Marx e as Relações Internacionais

Karl Marx tinha certeza do alcance global do capitalismo e de seu movimento expansionista e cada vez mais universal, assim como de sua força modernizadora e civilizatória. Para ele, o capitalismo representava uma força histórica que se generalizaria em todo o mundo, tornando-se o modo de produção dominante. A extensão para a periferia do mundo moderno do modo de produção capitalista criaria as condições para a aceleração de seu processo de superação. Um proletariado moderno nas colônias e países atrasados uniria suas forças ao proletariado dos países maduros contra o capitalismo.

A contribuição marxista para as Relações Internacionais está na introdução da questão econômica como fator explicativo não apenas das relações de poder, mas também das formas como se estruturam e se desenvolvem as relações entre os Estados em geral. Marx não tinha uma preocupação específica pelas relações entre Estados. Ele negou e desmistificou a suposta soberania do Estado ao convertê-lo em variável dependente ou simples reflexo da sociedade civil e dos interesses de classes. O sistema de Estados era considerado por ele como expressão geopolítica de uma totalidade social mais ampla.

A destruição do Estado burguês é um passo necessário para a construção de uma sociedade igualitária na qual a política como dominação desaparecerá, dando lugar a uma gestão radicalmente democrática da vida social. Em um mundo em que não há divisão de classes e em que o Estado não exista, não ocorrem relações internacionais, apenas relações entre comunidades livres, unidas pelo mesmo sentimento solidário de se pertencer ao gênero humano.

O papel da Associação Internacional dos Trabalhadores é um dos elementos mais importantes da teoria de Marx. Percebe-se a centralidade da solidariedade internacional para as lutas dos trabalhadores, dada a dimensão internacional da contrarrevolução. A Internacional é considerada o meio pelo qual o interesse comum dos trabalhadores de todas as nações será formulado e traduzido em estratégias políticas. O proletariado é concebido como uma classe internacional e sua estratégia, o internacionalismo. Os trabalhadores devem, pois, assumir sua condição de classe universal e portadora dos valores da emancipação de toda forma de opressão.

O esgotamento do capitalismo ocorrerá devido à tendência à expansão continuada – ainda que cíclica – do capitalismo mundial, incorporando um número maior de países ao mercado internacional. Com o tempo, haverá uma redução do ritmo de crescimento econômico e declínio da potência hegemônica. Com isso, crescerá a reivindicação das potências emergentes por mais espaço. Com crises mais profundas e mais frequentes, o sistema entrará em colapso frente à rentabilidade em declínio. Ocorrerá acirramento de contradições sociais e crescerão os movimentos de contestação internacionais. De fato, o capitalismo é pleno de contradições, mas está em constante expansão há cinco séculos.

Segundo marxistas, a crítica à sociedade tanto doméstica quanto internacional é instrumento fundamental a ser incorporado ao debate das teorias das RI. A análise deve contribuir, assim, para a compreensão dos ciclos econômicos e políticos e esclarecimento das razões históricas que deram origem à hegemonia, sua predominância e declínio no sistema internacional. Compreender a natureza das RI significa revelar as raízes da hegemonia burguesa. Assim, percebe-se sob o prisma marxista que a hegemonia global se inicia com uma hegemonia estabelecida no âmbito nacional dotada ao mesmo tempo de uma estrutura social, econômica e política. Em seguida, a hegemonia mundial passa a expressar regras que sustentam o modo de produção dominante. Assim, normas universais, instituições e mecanismos estabelecem regras de comportamento para os Estados e para as forças da sociedade civil que atuam através das fronteiras nacionais. Organizações internacionais também desempenham um papel fundamental de correia de transmissão ao generalizarem e tornarem hegemônicos, sob o manto de valores universais, conceitos formulados em países centrais e que servem aos interesses de grupos dirigentes. Instituições estabelecem, assim, um consenso de cunho universal respaldado no interesse do Estado hegemônico.

Lênin formulou o que mais se aproximou de uma teoria marxista das RI. Ele apontou a contradição entre nações capitalistas imperialistas (e não entre classes) como determinantes para desencadear o processo revolucionário que levaria à queda do capitalismo. Nações imperialistas exploram nações subdesenvolvidas, transformando-as em colônias. Lênin apontou limitações na teoria marxista ao afirmar a possibilidade de o capitalismo adiar crises e postergar sua derrocada. A adesão do proletariado seja às classes burguesas, seja aos exércitos nacionais no quadro da carnificina da guerra interimperialista, adia a revolução. Para enfrentar crises de superprodução e a tendência à queda da taxa de lucro, resultante da acumulação de excedentes e da concentração de renda, o capital monopolista busca novos mercados (externos) nos quais sua lucratividade será mais elevada, adiando a superação do capitalismo. A expansão imperialista na busca de novos territórios (colônias) corresponde à dinâmica dessa nova fase do capitalismo, na qual a exportação do capital excedente torna-se essencial à sua reprodução, constituindo um elemento estabilizador da tendência à queda da taxa de lucro e à estagnação.

Ideias marxistas e neomarxistas contribuíram para o surgimento de duas importantes teorias das RI, a teoria da dependência e a teoria do sistema-mundo, conforme será examinado a seguir.

Teoria da dependência

Assim como as teorias marxistas clássicas, a teoria da dependência afirma que países ricos exploram países pobres por meio de relações capitalistas desiguais. Historicamente, economias dos países em desenvolvimento foram integradas à economia dos antigos colonizadores. Enquanto os países em desenvolvimento, localizados na periferia do sistema, forneciam produtos primários para as economias dos países colonizadores, localizados no centro do sistema, estes exportavam produtos manufaturados, mais valorizados pelo mercado graças ao maior uso de tecnologia, mão de obra especializada e de maiores investimentos quando comparados com os produtos primários. Mesmo após sua independência política, ex-colônias continuaram condicionadas economicamente aos países localizados no centro do sistema devido à globalização da economia capitalista.

Segundo a teoria da dependência, o desenvolvimento não é autônomo: ele depende dos "altos e baixos" das economias avançadas internacionais. Dependência é definida como situação na qual o desenvolvimento de um país é condicionado ao desenvolvimento e expansão de outro.

Assim, oportunidades para países em desenvolvimento são reprimidas por constrangimentos ou concessões impostos pelo capitalismo ou das relações "subordinadas" com países ricos. Relações de exploração são parte do sistema capitalista, as quais o fazem funcionar.

Relações transnacionais de classes, que conectam elites de diferentes países, provocam exploração e dependência. Cidadãos dos próprios países em desenvolvimento (burguesia nacional), aliados aos capitalistas estrangeiros, tendem a aumentar benefícios egoístas às expensas do país como um todo. A natureza do desenvolvimento ou subdesenvolvimento de um país resulta, assim, da interação entre fatores internos e externos. Estagnação não é necessariamente uma regra, mas a tendência é que o desenvolvimento beneficie alguns em detrimento de outros, aumente desigualdades sociais e leve a um maior controle externo sobre economias em desenvolvimento.

Ainda segundo teóricos da dependência, países periféricos só podem se tornar desenvolvidos caso evitem comercializar com países ricos e industrializados localizados no centro da economia capitalista global. O desenvolvimento da indústria nacional e a redução da importação de bens manufaturados são o único meio para fortalecer a economia doméstica e superar a dependência dos países fortes do centro do sistema.

Teoria do sistema-mundo

Inspirada na teoria da dependência, a teoria do sistema-mundo tem como principal fundador o pensador Immanuel Wallerstein. Segundo esse autor, o moderno sistema-mundo surgiu entre os anos 1450 e 1670, quando a produção na Europa ocidental deixou de ser baseada no sistema feudal e em consumo sazonal e passou a ser orientada por trocas de mercado e pela acumulação infinita de bens materiais.

Para a teoria do sistema-mundo, as relações internacionais são regidas por leis de movimento que levam à expansão do escopo geográfico dos mercados e à exploração das economias pobres pelas economias centrais. Nessa teoria, há uma preocupação essencial com o desenvolvimento desigual que caracteriza o capitalismo global e as estruturas de dominação dele decorrentes. Seu objeto de análise central é o sistema mundial e as características de suas estruturas, baseadas em uma única divisão internacional do trabalho entre o centro e a periferia.

Assim como na teoria da dependência, na teoria do sistema-mundo a economia mundial é formada por um centro rico e uma periferia pobre e dependente do centro. Porém, para a teoria do sistema-mundo, existe ainda uma região intermediária no sistema internacional, chamada de semiperiferia. Essa região é parcialmente industrializada e exportadora tanto de bens com alto valor agregado quanto de bens primários.

A teoria do sistema-mundo acredita que países da periferia podem passar para a semiperiferia, ou mesmo para o centro desenvolvido do sistema internacional, ao contrário do que afirmava a teoria da dependência. Isso se deve ao fato de o sistema internacional ser tratado como uma única estrutura integrada econômica e politicamente, sob a lógica da acumulação capitalista. Mais ainda, atitudes nacionalistas e guiadas por decisões capitalistas dos Estados podem bloquear a dependência. O processo de acumulação de capital se organiza no tempo e no espaço e leva a deslocamentos dos centros de poder econômico mundial. Por sua vez, ciclos de expansão e declínio econômico estão relacionados a fatores como comércio, investimento e tecnologia, sendo que oscilações na distribuição de poder no sistema internacional têm uma relação direta com a dinâmica do movimento do capital em âmbito global.

Segundo Wallerstein, a evolução do capitalismo ocorre por meio de um processo de ampliação contínua dos mercados mundiais e da globalização da produção capitalista. Estados desenvolvem ação política sob os condicionamentos do mercado mundial e de acordo com a posição que ocupam na divisão internacional do trabalho.

A organização espacial do sistema-mundo é estratificada segundo a divisão internacional do trabalho e a concentração da renda nas diferentes esferas da acumulação. Nessa divisão, o centro concentra as atividades econômicas mais intensivas em capital, mais complexas e sofisticadas tecnologicamente e que agregam mais valor. A semiperiferia possui papel intermediário e sua industrialização é restrita a bens de consumo não duráveis (a exemplo de têxteis, semimanufaturados e alimentos) e a produtos tecnologicamente menos sofisticados. Suas economias são diversificadas, mas dependentes de capital e tecnologia do centro. Já na periferia ocorre a produção de bens primários de baixo valor agregado e com intensivo uso de mão de obra, o que gera uma economia pouco diversificada e dependente da exportação primária.

Os países do centro exercem dominação tanto na semiperiferia quanto na periferia por meio da força ou de alianças com as burguesias locais. Porém, ao contrário do que ocorre na periferia, na semiperiferia há possibilidade de ascensão dos países a um patamar mais elevado de renda, via industrialização, adiando contradições do capitalismo. Nesse sentido, a semiperiferia exerce papel de moderador de contradições entre o centro e a periferia, por meio de suas funções de investidor e de ascendência política sobre os países pobres.

Para os teóricos do sistema-mundo, sistemas entram em colapso por causa da fraqueza das classes dominantes e impossibilidade de manterem ganhos e privilégios. Para eles, o capitalismo perderá progressivamente sua força devido à inabilidade para gerar acumulação infinita de capital e para criar mecanismos políticos que permitam ao mesmo tempo a acumulação de benefícios e a contenção de revoltas. O sistema entrará também em colapso por conta da dificuldade para manter o controle sobre três custos de produção: pessoal, recursos e taxas.

No sistema capitalista mundial, os custos de pessoal aumentam porque, quanto maior a capacidade de organização da classe trabalhadora, maior seu poder de pressão. Se, em tempos de crescimento econômico, empregadores permitem aumento de salários, uma maior competição por preços gera diminuição progressiva de salários. Isso conduz à transferência de empresas para zonas com menores custos. Como a realocação depende da existência de trabalho rural barato, as crises capitalistas passarão a ser mais intensas com a desruralização, ou seja, quando zonas rurais baratas se tornarem cada vez mais escassas.

Por sua vez, os custos de recursos aumentam quando há mais dificuldades de externalizar despesas ligadas à despoluição, à renovação de bens primários (reflorestamento) e à construção ou renovação de infraestrutura. Já as razões para o aumento de custos de taxas estão relacionadas sobretudo à necessidade de fornecimento de segurança coletiva com uso de alta tecnologia, de distribuição de bens públicos para mais classes e de maiores custos administrativos, o que gera maior recolhimento de impostos e aumento de pressões e revoltas.

TEORIA CRÍTICA

A teoria crítica nasceu nos anos 1980 a partir dos debates interparadigmáticos conduzidos dentro da área de Relações Internacionais. Naquela época, ocorria uma abertura da disciplina para novas abordagens e temas como hegemonia, emancipação e desigualdade, meio ambiente, cultura, ética e sociedade civil. A teoria crítica surgiu, assim, como a mais importante contribuição teórica alternativa das RI, em um contexto de turbulência característico de um período de transição para uma ordem mundial cada vez mais globalizada.

A teoria crítica é considerada um desenvolvimento do pensamento marxista e está muitas vezes ligada à economia política internacional marxista. Teóricos críticos modernos e pós-modernos mantiveram-se unidos contra teorias racionalistas dominantes, tais como as teorias realista e liberal. Os teóricos críticos pós-modernos adotaram uma posição de interpretação radical e foram contra teorias que avaliavam afirmações empíricas e éticas por critérios únicos. Eles afirmavam que tais movimentos marginalizavam pontos de vista alternativos e posições morais, criando hierarquias de poder e dominação. Por sua vez, teóricos críticos modernos adotaram uma interpretação crítica menos radical ao reconhecerem a subjetividade das reivindicações em geral e a conexão entre conhecimento e poder. Ambos insistiram que alguns critérios eram necessários para distinguir as reivindicações de conhecimento plausíveis das implausíveis e que, sem princípios éticos mínimos consensualmente fundamentados, a ação política seria impossível.

Em particular, teóricos críticos assumiram uma postura crítica frente à teoria realista e ao marxismo tradicional. Pensadores realistas das RI eram apontados como perpetuadores de políticas de poder. Os marxistas tradicionais, por sua vez, teriam sofrido perda de capacidade crítica e opção pela defesa e preservação de regimes comunistas e de interesses partidários. Mais ainda, marxistas teriam uma visão determinista e economicista da realidade social segundo os teóricos críticos.

A partir de tais percepções, teóricos críticos propuseram novas interpretações dos escritos filosóficos e políticos de Marx. Análises complexas sobre processos históricos e importância da ação política dos sujeitos envolvidos (assim como de suas ideias, ideologias e estratégias) e estudo das formas de organização do Estado, nem sempre ligado aos interesses econômicos da burguesia, foram apresentados pelos teóricos críticos.

A teoria crítica procurou conciliar os ensinamentos de Karl Marx com os de Immanuel Kant ao defender a existência de uma ética universal dos excluídos, a partir da qual discursos internacionais podem ser reconstruídos. O estudo das relações internacionais deve assim estar voltado para a eliminação das mais diversas formas de dominação que existem na humanidade, não só presentes nas relações de classe, mas também nas questões raciais, étnicas e de gênero.

Para teóricos críticos, é possível a construção de uma nova sociedade livre de todas as formas de dominação. Os próprios seres humanos podem construir sua própria história, ao superarem situações de dominação ligadas tanto a condições materiais quanto político-sociais.

O projeto emancipatório proposto pela teoria crítica é baseado na desconstrução do discurso. A tarefa da teoria é, pois, romper com discursos teóricos arraigados e práticas sociais anacrônicas e apresentar alternativas emancipatórias da ordem dominante. Como todo conhecimento é construído, é preciso ir além e emancipar os excluídos das injustiças sociais. Os teóricos propõem a recusa de preconcepções. É preciso desnaturalizar as explicações tradicionais das RI, ou seja, mostrar que não há fenômenos naturais na vida política e social e que há sempre caminhos alternativos a perseguir. É também necessário avaliar arranjos sociais e promover um diálogo sobre novas formas de organização política, que superem a ordem soberana e que sejam livres da exclusão de qualquer tipo.

Para teóricos críticos, instituições e relações de poder não são "dadas", devendo ser questionadas e, se necessário, modificadas. Uma norma pode ser universal desde que todos os afetados por ela possam aceitar as suas consequências, ou seja, que a norma seja imparcial e solidária. Só assim é possível falar em uma ética universal baseada na reconstrução de normas justas.

A ética discursiva, segundo teóricos críticos, é universal e fundamentada na relação de princípios morais universais, contexto social e necessidades concretas dos indivíduos. Ela é uma premissa para um diálogo aberto e não excludente entre as comunidades, considerada uma forma moral de raciocínio que não é guiado por cálculos utilitaristas. A ética discursiva é a mola mestra da reconstrução da política internacional porque sua natureza, estabelecida por meio da adesão por consentimento de todos os envolvidos por uma decisão, oferece uma alternativa democrática para a edificação do processo de decisão internacional. Ela colabora para que a humanidade reflita constantemente sobre princípios de inclusão e exclusão e novas formas mais justas de organização da política internacional e contribui para a resolução de conflitos violentos pela introdução de mediadores guiados por procedimentos éticos de resolução de disputas.

A teoria crítica não é neutra e está voltada para o interesse ético da transformação política e social ao criticar a ordem presente e fornecer alternativas que levem à emancipação social. O projeto de emancipação da teoria crítica objetiva livrar pessoas de todos os obstáculos desnecessários e socialmente construídos que as impeçam de levar a vida que desejam. Ser livre significa, assim, ter a capacidade de se autodeterminar ou de iniciar uma ação.

Para teóricos críticos, com a globalização, laços sociais que definem as fronteiras nacionais foram enfraquecidos e levaram à fragmentação de culturas nacionais, que acabaram por se diluir em uma cultura global cosmopolita. O Estado nacional tornou-se totalmente submetido à economia capitalista mundial e aos interesses das classes dominantes transnacionais. Nesse contexto, movimentos contra-hegemônicos surgem da aliança entre países menos desenvolvidos, de forças globais formadas muitas vezes por OINGs, movimentos sociais e sindicatos. Assim, teóricos críticos acreditam que movimentos de resistência locais pacíficos que se unem internacionalmente podem ser o prenúncio de novas noções de cidadania, comunidade e soberania.

Para a teoria crítica, a reprodução da ética da soberania nos discursos contemporâneos sobre o internacional deve ser banida, já que determina limites à reflexão sobre o uso da violência e sobre as possibilidades de discutir e deliberar sobre convenções internacionais que protejam a integridade de indivíduos e comunidades de sua incidência.

As teorias tradicionais são insatisfatórias para avaliar e analisar o uso corrente da violência na política mundial, já que separa a ética da política. A teoria crítica propõe, por isso, uma reformulação das teorias das Relações Internacionais com vistas a uma releitura livre da lógica anárquica.

Como comunidades morais limitadas, Estados soberanos promovem a exclusão, a injustiça e a insegurança em nome de rígidas fronteiras que separam "nós" dos "outros". A teoria crítica opõe-se a rígidas fronteiras nacionais que limitem o reconhecimento da justiça entre as comunidades. O desmanche da exclusão proposto por esses princípios moveria a humanidade em direção a uma forma cosmopolita de governança para além das limitações dos excludentes Estados soberanos. A organização político-comunitária proposta é pós-excludente, pós-soberana e pós-westfaliana, pois abandona a ideia de que poder, autoridade, território e lealdade devam estar organizados em torno de uma única comunidade de governança, de um único Estado.

A sociedade internacional imaginada por teóricos críticos é uma sociedade pluralista de Estados em que princípios de coexistência funcionem como a chave para a preservação da liberdade e igualdade entre comunidades políticas independentes, em que Estados concordem com princípios morais substantivos. Um sistema pós-westfaliano é aquele em que Estados abdiquem de parte de seus poderes soberanos em prol de uma divisão institucionalizada do poder político e das normas morais.

CONSTRUTIVISMO

Teóricos construtivistas acreditam que o mundo está em permanente construção. A realidade não é imposta ou predeterminada, como afirmam teóricos positivistas, já que é fruto de nossas próprias escolhas. É possível transformar o mundo, mesmo que sob determinados limites.

Construtivistas afirmam que tanto agentes quanto estruturas se influenciam mutuamente, sendo coconstituídos. Eles discordam de teóricos realistas estruturais e da afirmação de que a estrutura internacional anárquica é o elemento determinante das relações internacionais. A natureza anárquica não é predeterminada pela guerra ou pela paz, sendo socialmente construída. Também se opõem aos teóricos realistas clássicos e à ideia de que a natureza humana é a causa central de fenômenos internacionais, como a guerra.

Construtivistas consideram que tanto causas materiais quanto ideias e valores possuem um lugar central nas explicações sobre o mundo em que vivemos. Mesmo existindo um mundo que nem sempre depende de nós, ele só faz sentido a partir de nossas próprias explicações. Por sua vez, normas e regras são elementos fundamentais na organização das relações internacionais. O conceito de identidade também é considerado importante para a análise de eventos sociais internacionais por alguns teóricos dessa corrente.

Construtivistas argumentam que atores internacionais são inerentemente seres sociais e que por isso suas identidades e interesses são socialmente construídos e resultantes de estruturas sociais comuns. A intersubjetividade da linguagem e o consequente compartilhamento de discursos, significados e valores são parte de uma premissa comum a todos os construtivistas. Epistemológica e metodologicamente, construtivistas exigem modos interpretativos de compreensão, sintonizados com a natureza não quantificável de muitos fenômenos sociais e com a subjetividade inerente a toda observação. Normativamente, eles condenam a noção de teorização neutra, argumentando que todo conhecimento está ligado a interesses. Por isso, construtivistas ajuízam que toda teoria deve estar explicitamente comprometida em expor e desmantelar estruturas de dominação e opressão.

A análise do discurso e, mais especificamente, das regras e normas que organizam e regem o discurso é central na compreensão de eventos sociais. As regras têm um papel fundamental nas relações internacionais ao apresentar escolhas aos agentes e informar-lhes o que devem fazer.

Segundo o construtivista Alexander Wendt, há três tipos de regras: de instrução, de direção e de compromisso, as quais geram três tipos de atos de fala: assertivo, diretivo e de compromissos. Regras de instrução informam como as coisas são ou estão organizadas e como se adequar a uma organização (hegemonia). Regras de direção são mais categóricas, sendo que comando e ordens estão implícitos nelas. Delas decorrem a obediência e a aceitação das regras (hierarquia). Já as regras de compromisso são aquelas que geram uma recompensa. Por meio delas, agentes seguem compromissos ou contratos (heteronomia).

O construtivismo de Alexander Wendt é centrado nos Estados, sendo o conceito de agente fundamental para o entendimento dos fenômenos. Vivemos em um mundo de Estados, mesmo que isso não signifique que os Estados sejam os únicos agentes das relações internacionais. Estados raramente são encontrados isolados uns dos outros e seu comportamento é explicado por meio de forças presentes na estrutura do sistema internacional. Para Alexander Wendt, a anarquia pode reverter tanto lógicas de conflito quanto de cooperação, dependendo do que Estados querem fazer dela. Ou seja, anarquia (estrutura) é o que os Estados (agentes) fazem dela. Alexander Wendt insiste em estabelecer pontes com as correntes dominantes e, principalmente, com sua cientificidade. Sem negar o mundo material, Wendt afirma a centralidade das ideias em sua teoria. Estados são influenciados pelas ideias e identidades de outros Estados. Como "tratar o outro" depende de como as representações de "si" e do "outro" são criadas.

Economia Política Internacional

Uma das subáreas das Relações Internacionais que mais cresceu nas últimas décadas foi a da Economia Política Internacional (EPI). De forma geral, EPI trata das interações comerciais, financeiras e de investimentos mantidas entre diferentes Estados e de como Estados respondem politicamente aos efeitos do mercado global.

Este capítulo discorre, primeiramente, sobre o que se entende por Economia Política Internacional. Em seguida, apresenta algumas das principais teorias de EPI – quais sejam, as perspectivas liberal, mercantilista e marxista – e como elas pensam sobre a natureza das relações político-econômicas internacionais, seus principais atores e objetivos. Logo depois, estuda elementos que compõem as estruturas da Economia Política Internacional, as quais incluem os sistemas de produção global, de comércio internacional e financeiro e monetário. A última parte do capítulo analisa alguns problemas e dilemas da EPI, a exemplo dos paradigmas que ajudam a compreender as políticas de desenvolvimento socioeconômico na América Latina.

CONCEITO DE EPI

Para se chegar ao conceito de Economia Política Internacional, é importante compreender o significado dos termos que compõem esta subárea de estudos das Relações Internacionais.

Segundo a visão clássica, economia significa alocação de recursos escassos, sejam eles bens, serviços, territórios, força de trabalho ou capital. O termo também pode significar um sistema de produção, distribuição e consumo de riqueza. Já a política pode ser definida como as atividades associadas ao governo de uma comunidade (foco no Estado) e que levam à geração e execução de normas coletivas. Em sentido amplo, política pode ser definida como disputa por interesses e poder.

Para alguns autores, a relação entre economia e política no mundo moderno é de reciprocidade. Por um lado, a política (e o exercício de poder em todas as suas formas) tem grande influência sobre atividades econômicas, fazendo com que essas muitas vezes sirvam aos interesses de grupos dominantes. Por outro lado, o processo econômico tende a redistribuir poder e riqueza, transformando as relações de poder entre grupos. Tal movimento, por sua vez, pode gerar a transformação do próprio sistema político e mesmo a criação de novas estruturas de relações econômicas. Sendo assim, as relações internacionais podem ser o resultado de uma interação constante e de influência recíproca entre política e economia.

A influência mútua entre economia e política traduz-se naquela entre riqueza e poder. O objetivo da economia é a criação e distribuição de riqueza; já a política é o lugar em que o poder é exercido. Há diversos entendimentos sobre o que é riqueza. Em termos gerais, é possível afirmar que riqueza é qualquer coisa (capital, terra, trabalho) que possa gerar renda futura. A riqueza é composta tanto de ativos materiais quanto capital humano (incluindo conhecimento adquirido).

Por sua vez, o conceito de poder é considerado um dos mais importantes para se compreender um processo político, o qual é definido como o ato de moldar, distribuir e exercer o poder. Ele também pode ser definido como a capacidade de produzir determinados resultados. Apesar de não ser o único ou o principal objetivo do Estado, o poder serve para alcançar vários outros fins, como bem-estar, segurança e prestígio. Por essa razão, os Estados são muito sensíveis e preocupados com seu poder relativo. A distribuição de poder no sistema internacional é importante porque afeta a capacidade do Estado atingir o que ele considera ser seus interesses primordiais. O poder pode assumir diversas formas, como militar, econômica ou psicológica, apesar de, em última instância, a força ser a forma essencial de poder.

Em sentido amplo, EPI refere-se a um campo de investigação que trata de atores e questões que são "internacionais" (e que são estabelecidas entre Estados-nações) ou "transnacionais" (e perpassam fronteiras nacionais de dois ou mais Estados), a exemplo dos problemas como mudança climática e mercados ilícitos presentes em várias partes do mundo.

A EPI apresenta conceitos, métodos e percepções derivados da Economia, Ciência Política e Sociologia, assim como explicações abrangentes sobre processos globais conduzidos por governos, empresas e forças sociais em diferentes áreas geográficas. Por um lado, EPI estuda a dimensão política de eventos internacionais e o uso do poder por indivíduos, grupos domésticos, Estados, Organizações Internacionais Governamentais, Organizações Internacionais Não Governamentais e Empresas Multinacionais. O poder é aplicado por tais atores na tomada de decisões sobre como deve ocorrer a distribuição de elementos tangíveis, como dinheiro e produtos, ou intangíveis, como segurança e inovação. A política pode envolver a criação de regras e instituições públicas e privadas com autoridade para atingir determinados objetivos.

Por outro lado, a EPI envolve uma dimensão econômica que trata de como recursos escassos são distribuídos nos mercados entre indivíduos, grupos e Estados-nações. Mais ainda, a economia indica como mercados desempenham papel fundamental na coordenação do comportamento social, seja na aquisição de bens, seja na indicação de ocupações e padrões de vida das pessoas.

EPI também reflete sobre a dimensão social de diferentes problemas internacionais. Dentro dos Estados, diferentes grupos compartilham valores, identidades e normas e se associam por meios de laços tribais, de religião ou de gênero. Da mesma forma, grupos transnacionais possuem interesses que ultrapassam fronteiras nacionais, a exemplo de questões ligadas a mudanças climáticas, refugiados, exploração baseada em gênero ou migração internacional.

É importante ressaltar que a EPI emprega teorias e ferramentas analíticas que buscam condensar os diferentes aspectos políticos, econômicos e sociológicos internacionais, os quais ajudam a obter uma compreensão mais sofisticada das complexas relações entre o Estado, o mercado e a sociedade em diferentes nações.

Teóricos da EPI comumente usam diferentes níveis de análise em suas pesquisas. Explicações para determinados eventos podem estar localizadas nos comportamentos e nas escolhas individuais (nível individual), nos Estados (nível estatal/social) ou nas interconexões entre os Estados (nível interestatal). Níveis de análise não são mutuamente exclusivos, sendo recomendado que se procurem explicações em todos os níveis.

O nível global é o que permite uma análise mais ampla e abrangente, envolvendo temas como restrições e oportunidades econômicas globais resultantes de mudanças em tecnologias, nos mercados globais e no ambiente natural. Em geral, fatores de nível global referem-se a elementos presentes na estrutura internacional, não podendo ser atribuídos às ações específicas de um Estado, grupo de Estados, indivíduos ou grupos particulares.

Já no nível interestatal analisam-se as relações entre os Estados e como elas afetam os resultados globais. Pergunta-se, por exemplo, como alianças ou equilíbrio de poder (distribuição de poder) entre os Estados moldam ações de Estados individuais e determinam as ameaças que eles enfrentam. A presença de uma potência dominante pode ser assim estudada para se compreender como são gerados bens públicos globais como segurança, livre-comércio e tecnologias de ponta. Por sua vez, compreender o surgimento de uma potência emergente pode levar a entender sua relação com graves conflitos envolvendo potências estabelecidas.

No nível estatal, analistas de EPI estudam temas ligados a como o processo decisório e tipos específicos de governo levam à criação de determinadas políticas públicas. A compreensão da cultura, das estruturas de classe, dos processos eleitorais e da forma como moldam as ações de política externa também é estudada nesse nível.

No nível individual, são feitas perguntas de pesquisa envolvendo formuladores individuais de políticas e sua capacidade de influenciar no curso dos eventos. Estudos podem tratar também de objetivos e ideologias de líderes de setores públicos e privados. É possível pensar, por exemplo, a respeito da influência da personalidade e do perfil político de um presidente sobre estratégias e interesses de seu país em foros econômicos internacionais.

PERSPECTIVAS TEÓRICAS DA EPI

Três perspectivas teóricas da EPI – o liberalismo, o mercantilismo e o marxismo – ajudam a entender quem se beneficia ou perde com os processos internacionais, como atores adquirem e usam o poder político e os recursos econômicos e quais objetivos atores procuram atingir. A seguir, a apresentação dessas teorias será feita à luz de algumas questões fundamentais, a exemplo da natureza das relações político-econômicas internacionais, de seus principais atores e objetivos.

O liberalismo econômico está intimamente associado ao estudo dos mercados. Para essa teoria, o livre mercado é baseado na alocação máxima de recursos e na livre troca entre compradores e vendedores (*laissez-faire*). Ou seja, se compradores e vendedores têm liberdade para comercializar livremente no mercado, então o mercado gera preços ótimos de bens e serviços. Na metade dos anos 1800, David Ricardo afirmou que um Estado precisava se especializar na produção de um determinado bem para ganhar vantagens com relação a outros Estados. E mais, quando um Estado fabricava e vendia os bens que produzia de forma mais eficiente, todos os Estados se beneficiavam.

Enquanto liberais econômicos ortodoxos defendem o livre-comércio, liberais econômicos heterodoxos apoiam mais regulamentação estatal e proteção comercial para sustentar os mercados. Liberais heterodoxos enfatizam que os mercados funcionam melhor quando estão conectados à sociedade e quando o Estado intervém para resolver os problemas que os mercados não podem resolver sozinhos. Eles acreditam que as pessoas se comportam racionalmente na ausência de intervenção estatal ou influências sociais e buscam constantemente maximizar seus ganhos e limitar suas perdas ao produzir e vender coisas. Indivíduos buscam gerar riqueza competindo com outros em mercados locais e internacionais e, para tanto, valorizam fortemente a eficiência econômica, ou seja, a capacidade de usar e distribuir recursos de maneira eficaz e com pouco desperdício.

Os liberais, em geral, consideram a política e a economia como esferas de atividades relativamente separáveis e autônomas. A afirmação fundamental do liberalismo é que a natureza das relações econômicas internacionais é essencialmente harmônica. Para os liberais, tais relações são baseadas em um jogo de soma positiva, em que todas as partes podem ganhar, mesmo que a distribuição de ganhos seja desigual. Eles assumem que existe uma harmonia entre interesses nacionais essenciais e interesses econômicos globais. Para tanto, o Estado não deve interferir nas transações que ocorrem através das fronteiras nacionais. Por meio do livre-comércio de bens primários, da remoção de restrições ao fluxo de investimentos e da divisão internacional do trabalho, todos podem se beneficiar do resultado do uso mais eficiente de recursos mundiais escassos. Assim, o interesse nacional poderá ser alcançado por meio da manutenção de atitudes mais generosas e cooperativas nas relações econômicas internacionais com outros Estados. Ademais, a busca por interesses próprios em um mercado livre e competitivo poderá levar ao alcance do melhor resultado para um maior número de pessoas na sociedade internacional.

Teóricos liberais acreditam que o objetivo essencial da atividade econômica é a otimização ou uso eficiente de recursos escassos e a maximização do bem-estar mundial. De forma comparada, teóricos marxistas enfatizam que a distribuição da riqueza entre classes sociais é o elemento central da atividade econômica. Por sua vez, mercantilistas consideram a distribuição do emprego, da indústria e do poder militar entre Estados o elemento mais importante do sistema.

Liberais reconhecem o Estado como sendo o representante do conjunto de interesses privados e as políticas públicas como o resultado de uma competição pluralista entre grupos de interesse. Marxistas, por sua vez, acreditam que o Estado é aquele que executa os interesses da classe dominante, sendo as políticas públicas o reflexo de tais interesses. Os mercantilistas veem o Estado como uma unidade que busca exercer seu próprio direito. A política pública incorpora, assim, o interesse nacional tal como concebido pela elite política governamental.

Os liberais afirmam que a economia internacional funciona de forma interdependente e é mantida pela expectativa de benefícios mútuos advindos do comércio, das finanças e de investimentos internacionais. O mercado se expande por meio de avanços tecnológicos, sobretudo em transporte e comunicações, levando a uma crescente integração econômica global. Em geral, a regulação da economia internacional é feita principalmente levando em consideração o aumento da eficiência.

A perspectiva mercantilista, muitas vezes chamada de nacionalismo econômico, afirma que a gestão econômica deve ser parte da busca do Estado por interesses nacionais definidos em termos de riqueza, poder e prestígio. Para eles, o econômico se submete ao Estado e a seus interesses domésticos e internacionais.

O mercantilismo está intimamente associado à filosofia política da teoria realista, que se concentra no estudo dos esforços do Estado para acumular poder e riqueza para proteger a sociedade da guerra ou de quaisquer outros danos físicos e da influência de outros Estados. Em teoria, o Estado é uma entidade legal e um conjunto autônomo de instituições que governam um território geográfico específico e pessoas de uma nação.

Enquanto para analistas liberais os atores mais importantes da economia são os indivíduos, consumidores e firmas individuais, para os mercantilistas, os atores que verdadeiramente importam para a economia política internacional são os Estados e, por isso, acreditam que o interesse nacional determina a política externa. Para mercantilistas, elementos como interesses de classes, das elites ou de outros subgrupos sociais influenciam na conformação do interesse nacional. Por sua vez, distribuições externas de poder, exigências nacionais de sobrevivência e fatores geográficos também são elementos considerados primordiais na determinação da política externa.

Para maximizar o poder do Estado, mercantilistas acreditam ser essencial incentivar a manutenção de uma balança comercial favorável e a produção industrial de bens com alto valor agregado, gerados a partir de matéria-prima importada barata.

Mercantilistas tendem a desencorajar a produção agrícola em favor da manufatura, recomendar a imposição de altas tarifas de importação sobre produtos de fabricação estrangeira e oferecimento de subsídios às indústrias domésticas. Eles são, por isso, considerados altamente intervencionistas.

Ao contrário dos liberais e de acordo com marxistas, para mercantilistas a essência das relações econômicas é conflituosa, ou seja, não há harmonia no sistema internacional e o ganho de um grupo significa a perda de outro.

A perspectiva marxista concentra-se no estudo da propriedade privada dos meios de produção (bens e equipamentos) e das desigualdades sociais, da exploração e da opressão gerada pela privatização do capital. Os teóricos dessa perspectiva mostram como a estrutura econômica dominante de qualquer sociedade afeta diferentes classes sociais e enfatizam que forças sociais, econômicas e políticas são determinantes no estabelecimento, regulação e preservação dos mercados.

Marxistas explicam as dinâmicas do mercado por meio da observação dos conflitos entre a classe média (burguesia) e a classe trabalhadora (proletariado), assim como dos efeitos do controle de trocas e práticas trabalhistas injustas. Para Karl Marx, o subemprego – ou as horas extras de trabalho não cobertas pelo contrato de trabalho e não pagas – está na origem da obtenção da mais-valia ou lucro, assim como da exploração do proletariado pela burguesia. Para Marx, a classe trabalhadora e oprimida se unirá, em última instância, para derrubar as leis opressoras do capitalismo.

Marxistas consideram que os atores mais importantes tanto no plano doméstico quanto no internacional são as classes econômicas, sendo que os interesses da classe dominante determinam a política externa do Estado.

De acordo com marxistas, o econômico determina a política e suas estruturas e a interdependência econômica internacional é geradora de um sistema altamente hierarquizado. As potências hegemônicas organizam o comércio, o sistema monetário e investimentos de forma a fazer avançar seus próprios interesses políticos e econômicos.

PRODUÇÃO GLOBAL

Produção, comércio, finanças, segurança e conhecimento são estruturas ou arranjos complexos que funcionam como os fundamentos básicos da economia política internacional. Essas estruturas contêm instituições, organizações e atores-chave estatais e não estatais que determinam regras, acordos e tratados, assim como influenciam nos processos que governam a economia política internacional.

Para se compreenderem os processos de produção internacional, é preciso analisar fatores como o perfil dos produtores mais importantes do sistema econômico internacional, os termos de produção e de distribuição global de riquezas e as relações de poder que permeiam o processo produtivo. Entender as mudanças que ocorrem nas regras internacionais é também considerado de fundamental importância na análise das relações político-econômicas internacionais, porque elas podem, por exemplo, levar ou impedir que empresas desloquem a fabricação de bens e fornecimento de serviços para outras localidades do mundo consideradas mais vantajosas.

As Empresas Multinacionais (EM) desempenham um papel muito importante nas transformações da produção global em todo o mundo. Com o aumento do investimento externo direto (IED), empresas passaram a atuar fora de seus próprios países de origem para construir instalações de manufatura e estabelecer escritórios. De forma crescente, elas começaram a fazer contratos com outras empresas no exterior para terceirizar a produção de bens e serviços.

Em tempos recentes, muitas das exportações mundiais tornaram-se bens intermediários – insumos, peças e componentes usados na produção de bens acabados. Cada vez mais, fabricantes passaram a usar robôs e linhas de montagem automatizadas para a fabricação de diversas mercadorias de alto valor. Percebe-se, assim, que tecnologias digitais modificaram definitivamente a forma como produtos são projetados e construídos, aumentando a produtividade da empresa.

Frequentemente, muitas transformações em processos produtivos estão ligadas a novos padrões de investimento externo direto (IED), ou seja, a investimentos feitos no exterior por empresas estrangeiras. Historicamente, a maior parte dos IEDs tem se concentrado em nações desenvolvidas, a exemplo dos EUA e da União Europeia, dotados de mercados mais dinâmicos, mão de obra qualificada e maior produtividade. Porém, mais recentemente, os IEDs se espalharam pelo mundo, especialmente pelo continente asiático.

Além do grau de abertura econômico-comercial e da mudança tecnológica dos mercados, diversos outros fatores ajudam a explicar o aumento do IED. Muitos provedores de bens e serviços querem estar cada vez mais próximos de seus clientes. Outros desejam aproveitar dos salários baixos e recursos naturais baratos em países menos desenvolvidos. Muitas vezes, uma empresa estrangeira se estabelece em outro país para evitar barreiras tarifárias e políticas mercantilistas destinadas a impedir a entrada de produtos estrangeiros. Mudanças em taxas de câmbio podem aumentar os custos efetivos e reduzir as receitas de exportadores. Por essa razão, empresas estabelecem instalações de produção em seus principais mercados consumidores, de modo que os custos e as receitas sejam realizados utilizando-se preferencialmente a mesma moeda. Empresas Multinacionais também têm um forte incentivo para investir no exterior quando a moeda de seu país está sobrevalorizada. Por fim, Empresas Multinacionais buscam investir onde outras empresas estão localizadas, para que possam se beneficiar do grande número de indivíduos altamente treinados em uma determinada área e da intensa competição e inovação que ocorrem nesse ambiente.

Nos últimos anos, diversas mudanças têm ocorrido na economia política internacional e nas relações internacionais em geral. Novos elementos passaram a afetar o padrão de fluxos de IED e o comportamento de Empresas Multinacionais. Graças ao surgimento de novas tecnologias de comunicação e transporte, por exemplo, cadeias de valor globais tornaram-se abundantes e fomentaram a união de diversos parceiros e fornecedores de diferentes partes do mundo, os quais passaram a compartilhar desenho e produção de novos bens.

Em tempos de mudanças na demanda global, participar de cadeias de valor globais permite que Empresas Multinacionais se desvencilhem de relacionamentos com fornecedores indesejados muito rapidamente, o que se mostra menos custoso do que se fosse necessário fechar sua própria filial no exterior. Por sua vez, terceirizar partes de suas operações também pode ser algo bastante vantajoso por agilizar processos de adaptação ou mesmo de crescimento das Empresas Multinacionais.

Diante de crises econômicas recentes, o declínio do apoio de elites e cidadãos à globalização da produção significou, em grande medida, um período de contenção, com menos fronteiras abertas, menos comércio internacional e menos IED. Críticas sobre as ações de grandes Empresas Multinacionais podem estimular governos a regulamentar mais severamente suas atividades. Em resposta a crises econômicas cada vez mais graves, forças políticas buscam, por fim, remodelar a ordem internacional, contribuindo para seu melhor funcionamento.

COMÉRCIO INTERNACIONAL

Acordos comerciais internacionais e regulamentações nacionais moldam os fluxos de bens e serviços através das fronteiras. Se, por um lado, registrou-se o aumento do comércio internacional nas últimas décadas e, com ele, o crescimento rápido de diversos países, por outro, diversos fabricantes pressionaram seus respectivos governos para que elevassem barreiras protecionistas contra produtos importados altamente competitivos, de forma a proteger empregos e lucro.

A estrutura comercial do pós-Segunda Guerra Mundial levou à redução progressiva de muitas barreiras ao comércio de produtos manufaturados, a uma maior convergência nas normas e regras comerciais e à resolução pacífica de muitas disputas comerciais. Porém, a liberalização do comércio de bens e serviços agrícolas ainda não é ampla. Isso porque Estados ainda são adeptos da criação de barreiras tarifárias e não tarifárias para proteger suas empresas nacionais. Com o aumento de forças políticas mercantilistas, surgiram novas fissuras nas instituições de comércio internacional, como a Organização Mundial do Comércio (OMC), e em blocos comerciais regionais, como a União Europeia (EU). Conforme será explicado a seguir, cada uma das perspectivas da EPI vê os diferentes eventos relacionados ao comércio internacional de formas muito distintas.

O trabalho de David Ricardo sobre a lei das vantagens comparativas demonstrou que o livre-comércio aumenta a eficiência e tem o potencial de deixar países em melhor situação. Segundo essa lei, nações devem se especializar e exportar aquilo em que são, em termos relativos, altamente eficientes na produção e importar o que são menos eficientes em realizar. Para tanto, devem comparar o custo de produção de um bem com a possibilidade e o custo de comprá-lo, fazendo em seguida uma escolha lógica e eficiente entre as duas opções.

Muitos estudos liberais expõem a possibilidade de que o aumento do comércio reduza a probabilidade de guerra entre países. Por meio do estabelecimento de regras internacionais comuns, Estados podem maximizar os ganhos do comércio em uma economia global competitiva. Com tarifas reduzidas e mais regulamentos comuns, o comércio aumenta e a produção se torna mais eficiente em todos os países. Os liberais enfatizam ainda que a liberalização do comércio pode reduzir a pobreza nos países em desenvolvimento, aumentando o crescimento. Para eles, não há uma relação direta entre regras comerciais e degradação ambiental. Quanto mais o comércio global é regido por instituições multilaterais de comércio, incluindo o comércio de recursos naturais, produtos agrícolas e ilegais, menores serão os danos ambientais graves.

Os pensadores mercantilistas argumentam que não há exemplos de industrialização bem-sucedida com puro livre-comércio. Muitos países alcançaram crescimento impressionante sobretudo por meio de altas barreiras tarifárias e outras políticas protecionistas. Assim, governos buscam dar apoio a suas indústrias nascentes e alcançar a independência nacional, o que para eles exige o uso de medidas comerciais protecionistas.

Mercantilistas não acreditam que a especialização em uma vantagem comparativa beneficie todas as partes envolvidas no comércio. Muito frequentemente, trabalhadores resistem em trocar de emprego ou ocupação quando vantagens comparativas mudam para outra nação. Em outros casos, governos criam artificialmente vantagens comparativas na produção de certos bens e serviços, fornecendo empréstimos baratos e subsídios à exportação para produtores domésticos. Ademais, muitas empresas esperam que seus respectivos governos as protejam da competição de importação. Os governos, por sua vez, temem a reação de seus cidadãos que enfrentam demissões ou concorrências de produtos importados mais baratos.

Mercantilistas afirmam que Estados manipulam constantemente a produção e o comércio. Em geral, o livre-comércio é substituído pelo protecionismo comercial devido à vontade de se manter independente dos produtos de outros países, sobretudo daqueles ligados a setores estratégicos. Na prática, o livre-comércio só deve ser praticado na medida em que sirva aos interesses nacionais. Ou seja, mercantilistas acreditam que um governo só deve apoiar a liberalização do comércio em áreas em que seus produtores se beneficiem. Setores nos quais produtores locais enfrentam forte concorrência devem, por consequência, ser protegidos. Alguns economistas mercantilistas argumentam igualmente que tarifas historicamente altas não impediram países de crescer rapidamente.

Teóricos marxistas argumentam, por sua vez, que problemas econômicos podem levar países a adotar atitudes imperialistas. Segundo eles, historicamente, o comércio teria levado alguns países a dominar e subjugar suas colônias, as quais se tornaram lugares para vender mercadorias excedentes, investir em indústrias que lucravam com mão de obra barata e ter acesso a recursos naturais baratos.

Mais recentemente, Immanuel Wallerstein enfatizou que padrões de comércio internacional são determinados em grande parte por uma divisão internacional do trabalho entre regiões centrais, periféricas e semiperiféricas do mundo. Para ele, políticas de livre-comércio e a integração dos mercados globais são extensões de políticas de dominação e exploração. Da mesma forma, teóricos da dependência argumentam que países periféricos se tornaram subdesenvolvidos após serem vinculados às nações industrializadas por meio do comércio.

Marxistas e outros teóricos estruturalistas consideram que sanções econômicas são um instrumento atualizado do imperialismo que quase sempre é dirigido por países desenvolvidos contra países em desenvolvimento. Para eles, sanções econômicas são atos moralmente repugnantes porque geram sofrimento em pessoas comuns e não causam nenhuma mudança efetiva nas elites políticas e econômicas dos Estados visados.

A guerra comercial entre EUA e China

As relações bilaterais EUA-China despencaram em 2018, quando a preocupação de Donald Trump com os déficits comerciais o levou a impor tarifas punitivas à China. O governo do presidente Donald Trump considerava injustas e desleais as políticas econômicas e práticas comerciais da China. Assim, a guerra comercial entre EUA e China iniciou-se diante de tais descontentamentos.

As tarifas foram seguidas por restrições ao acesso da China a produtos de alta tecnologia dos EUA e a investimento estrangeiro. Isso levou vários analistas a considerar a guerra comercial entre EUA e China como algo muito mais relacionado ao futuro da inovação do que ao comércio internacional. Ou seja, o que realmente aconteceu entre os EUA e a China não foi sobre comércio, mas sobre quem liderará a inovação global no século XXI. A venda de aço, soja e painéis solares seria menos importante do que a competição por veículos elétricos, carros autônomos e inteligência artificial. A preocupação do governo dos EUA é que a China represente um verdadeiro desafio ao domínio global dos EUA na economia da inovação.

Nos últimos anos, a China estabeleceu mais linhas ferroviárias de alta velocidade do que o restante do mundo combinado. Mais veículos elétricos foram vendidos na China do que em qualquer outro lugar. Há mais do que o dobro de robôs industriais usados na China do que nos EUA. No entanto, no período de 2012-2016, o Goldman Sachs estimou que o investimento total em Inteligência Artificial (IA) nos EUA foi de cerca de US$ 18 bilhões, contra apenas US$ 2 bilhões na China. A China pretende investir cerca de US$ 150 bilhões em Inteligência Artificial, o que revela ser uma grande vantagem iminente para o país.

Três anos depois de iniciadas as tarifas de Donald Trump para corrigir o déficit comercial dos EUA, o comércio bilateral entre os dois países atingiu recordes históricos, o superávit comercial da China aumentou e o déficit dos EUA piorou. Por sua vez, a crescente capacidade da China em adotar e adaptar tecnologias e fazer isso em alta velocidade e em grande escala tornou-se extraordinária, ampliando e tornando inevitável a competição com os EUA nos próximos anos.

SISTEMA FINANCEIRO E MONETÁRIO INTERNACIONAL

Questões financeiras e monetárias constituem elementos centrais da estrutura da economia política internacional. Elas estabelecem quem tem acesso aos recursos financeiros e em que condições e como o capital internacional é distribuído entre as nações. Fluxos financeiros internacionais servem para gerar investimentos e fomentar o comércio internacional. Acordos financeiros também refletem regras e obrigações na medida em que empréstimos são negociados.

A quebra da bolsa de valores de Nova York (1929) marcou o início de uma nova era econômica, quando o Estado assumiu um papel mais importante na regulação dos fluxos de capital e promoção do bem-estar social. Nos EUA e na Europa Ocidental, políticas monetárias e financeiras do pós-Segunda Guerra Mundial foram fortemente influenciadas por memórias ainda presentes advindas da Grande Depressão, que se seguiu aos eventos ligados à crise de 1929.

Naquela época, John Maynard Keynes afirmou que fortes mecanismos regulatórios e investimento estatal poderiam ajudar a manter e mesmo estimular o crescimento econômico, permitindo assim que o sistema capitalista superasse os efeitos dramáticos das crises econômicas. No plano internacional, tais medidas colaboraram para a construção do sistema de Bretton Woods. Nesse contexto, Keynes foi responsável por ajudar a criar o Fundo Monetário Internacional (FMI), cujo objetivo era permitir que países com dificuldades financeiras recebessem empréstimos para reduzir os efeitos de choques internacionais associados a crises financeiras domésticas.

Para alguns autores, o sistema de Bretton Woods (1947-1971) estabilizou as relações monetárias e gerou confiança na liderança dos EUA ao fixar o valor do dólar em ouro e limitar as flutuações da taxa de câmbio. Desde o seu estabelecimento, no entanto, o sistema de Bretton Woods (BW) teria gerado um impacto controverso na economia mundial. A razão é que, embora o crescimento tenha aumentado rapidamente, os efeitos sociais e humanos perversos do sistema de mercado livre tornaram-se uma questão central da estabilidade econômica internacional.

A década de 1970 foi marcada por uma crescente interdependência, alta inflação e duas recessões internacionais relacionadas aos altos preços do petróleo. A conversão de taxas de câmbio fixas (todas as moedas eram atreladas ao dólar) para taxas flutuantes em 1973 resultou em crescente incerteza e instabilidade dentro do sistema.

Já na década de 1980, ideias neoliberais ligadas à globalização estimularam a desregulamentação das finanças, do câmbio e do comércio. Crises financeiras no México, no Brasil e em outros países em desenvolvimento surgiram devido à impossibilidade de tais países arcarem com pagamentos de empréstimos internacionais. Muitos analistas acreditam que mercados financeiros mal regulados foram em parte responsáveis não apenas por estas, mas também por diversas outras crises financeiras que têm ocorrido desde a década de 1990 em diversos países do globo. Tais mercados financeiros também estariam na origem de crises mais profundas e seriam geradores de pobreza e subdesenvolvimento em muitos países localizados na América Latina e na Ásia. O FMI e muitos governos ocidentais forneceram assistência financeira a Estados devedores, com a condição de que continuassem a reembolsar os credores e impor austeridade às suas sociedades.

A crise financeira global que teve início nos EUA em 2007, após o estouro de uma bolha imobiliária, colocou em risco a estrutura financeira global e desafiou a posição privilegiada dos EUA como supremacia econômica. Embora haja evidências de que a crise financeira enfraqueceu a confiança no dólar americano, ainda não há uma outra moeda que rivalize ou substitua o dólar americano. Mesmo assim, os EUA agora precisam de outros países para ajudar a financiar seus déficits e para evitar maior instabilidade no sistema financeiro cada vez mais globalizado.

PROBLEMAS E DILEMAS DA ECONOMIA POLÍTICA GLOBALIZADA

Durante muito tempo, diversos autores defenderam o pensamento econômico de que a globalização leva a uma melhora generalizada na renda média das pessoas ao redor do mundo. Empresas multiplicam suas vendas em um mercado ampliado e países pobres crescem mais rapidamente na medida em que são inseridos na globalização. Com o tempo, a importância dos governos diminui e a integração do mercado e a prosperidade se estabelecem.

De fato, mercados internacionais de bens e capital tornaram-se mais abertos e organizações multilaterais possuem cada vez mais regras, ajudando a monitorar a economia mundial. Porém, a desigualdade econômica entre os países continua a aumentar. Dados estatísticos mostram que a renda média da população mundial de fato tem crescido, mas também a diferença de renda entre os países ricos e pobres. Com a melhoria da comunicação mundial, aumentou a conscientização geral sobre as desigualdades de renda, o que, por sua vez, intensificou a migração para países mais ricos.

Em resposta às pressões por migração econômica, países desenvolvidos ergueram mais muros contra a imigração. Ao forçar a permanência em seus Estados mal administrados, as barreiras de imigração negam aos mais pobres a oportunidade de alcançar melhores condições de vida. Por sua vez, a impossibilidade de migrar elimina uma fonte potencial de pressão sobre governos ineficazes, facilitando sua sobrevivência.

É fato que a imigração irrestrita pode gerar um grande influxo de mão de obra barata, o que poderia ser politicamente explosivo para qualquer país. Porém, é contraditório quando nações ricas elogiam o liberalismo e o livre-comércio para que suas exportações cheguem a diversos países e igualmente negam esses mesmos princípios quando restringem a liberdade de movimento. Algumas teorias econômicas explicam que as barreiras à imigração poderiam ser compensadas por fluxos de capital das economias industrializadas para as em desenvolvimento. Isso teria acontecido antes da Primeira Guerra Mundial, mas não tem sido assim desde a Segunda Guerra Mundial. O estoque total de investimento estrangeiro direto, que normalmente traz tecnologias e *know-how*, além de capital financeiro, aumentou desde 1980 no mundo. Mas muito pouco foi para os países mais pobres. Ao mesmo tempo, a abertura irrestrita dos mercados de capitais nos países em desenvolvimento deu às empresas maiores de países ricos a oportunidade de aquisições, colocando diversas vezes em risco a soberania dos mais fracos.

Em alguns casos, o forte crescimento do país se deve em grande medida à alta taxa de poupança, não ao capital estrangeiro. Cingapura se destaca por ter aproveitado muito o investimento estrangeiro, mas também porque alcançou uma das maiores taxas de poupança interna do mundo. Seu governo também exerceu grande influência no uso desses fundos. A maioria dos países pobres, porém, não tem conseguido dispor de muito capital estrangeiro ou tirar vantagem de um maior acesso ao mercado.

É conhecido que as vantagens tradicionais dos países pobres residem nas *commodities* primárias (agricultura e minerais), cuja participação no comércio mundial diminuiu enormemente desde o início do século XX. Oportunidades de crescimento no mercado mundial têm migrado de *commodities* brutas ou pouco processadas para bens manufaturados e serviços. Os destaques são para segmentos mais intensivos em conhecimento, o que favorece os países ricos.

Diversos autores se perguntam se países da América Latina (AL) alcançaram o desenvolvimento ou se perderam as oportunidades que surgiram ao longo do último século. De forma mais específica, há dúvidas sobre se a abertura ao comércio internacional e aos investimentos estrangeiros proporcionados pela globalização teria sido positiva ou se a AL continuará sendo primordialmente uma fornecedora de matérias-primas. Resta saber se a indústria nacional na AL será sufocada pela concorrência, sobretudo a chinesa, ou conseguirá colaborar com o desenvolvimento pleno de países da região. Tais questões serão abordadas a seguir.

PARADIGMAS DO DESENVOLVIMENTO NA AMÉRICA LATINA

Três elementos de análise ajudam a compreender como as políticas de desenvolvimento foram conduzidas na AL: processos de mudanças econômicas e políticas na região; a inserção internacional do Brasil na economia política mundial; e estratégias de maior autonomia econômica e política da América do Sul.

Ao longo da última década, a inserção regional e global dos países da América Latina foi marcada por um movimento de refluxo. Houve pouco alinhamento político entre governos de esquerda e direita no interior da região. Também se registrou retração na participação dos latino-americanos na economia regional e global. Mais uma vez na história desses países, o comércio internacional se caracterizou pela reconcentração das exportações em *commodities* e das importações em insumos e produtos intensivos em tecnologia. Diversos analistas perguntam se a região estaria passando por uma perda de dinamismo econômico devido, sobretudo, à falta de densidade tecnológica em seus respectivos mercados.

Com a demanda internacional crescente e concentração das exportações em produtos do setor agroexportador, surgiram novos desafios ligados a restrições ambientais, como o uso do solo, que colocaram pressões adicionais em setores produtivos, o que levou ao aumento do preço de algumas *commodities* e diminuição do consumo e da renda provenientes delas. Colocam-se, assim, sérias dúvidas sobre as possibilidades futuras de desenvolvimento dos países latino-americanos. Em termos gerais, analistas apontam que a América Latina carece de projetos regionais em infraestrutura e distribuição do desenvolvimento tecnológico, o qual se concentra, sobretudo, nos setores econômicos exportadores.

Estratégias para superar crises e diminuir assimetrias são consideradas fundamentais na promoção do desenvolvimento da região. Dentre as medidas para a superação da condição periférica, destacam-se a necessidade de comandar a sua própria política econômica e conduzir a sua participação na economia mundial; construir sistema de segurança e de defesa continental autônomo para garantir os próprios interesses; sustentar projeto integracionista, independentemente de mudanças de governo e/ou de conflitos que possam ocorrer na região; executar projetos de infraestrutura de comunicações, transporte e energia e organizar de forma integrada a produção regional; ampliar o mercado interno regional, com menor dependência macroeconômica com relação às flutuações de preços e da demanda mundial de *commodities*.

Na busca por maior autonomia, a construção de um sistema de segurança continental é considerada necessária para que todos os países da região participem na condição de aliados estratégicos desse projeto. A reinserção da América Latina no mercado mundial com maior grau de autonomia implicará, sobretudo para o Brasil, executar altíssimo padrão de acumulação e concorrência, o que pode levar a uma rota de conflito com parceiros novos e tradicionais.

De acordo com o conceito de paradigmas de desenvolvimento proposto por Amado Luiz Cervo, a América Latina passou por quatro fases distintas: economia primária, agrícola ou mineira; industrialização introspectiva; abertura comercial e financeira ao mercado global; e interdependência sistêmica madura de alguns países.

Para se compreender o desenvolvimento latino-americano, importa saber quais fatores culturais, potencialidades, objetivos estratégicos, métodos de ação e meios disponíveis se encontram na gênese de cada um dos cinco paradigmas propostos, quais sejam: liberal-conservador (da independência aos anos 1930), desenvolvimentista (1930-1990), neoliberal (1990); dispersão paradigmática (2000); e Estado logístico (alguns países a partir dos anos 2000).

O paradigma liberal-conservador, que perdurou do período das independências latino-americanas até os anos 1930, é resultante da herança colonial e da atividade econômica agrícola ou mineira. Tal herança determinou a organização econômica e a estrutura da sociedade na América Latina. Pressões das potências capitalistas, com imposição de tratados de livre-comércio, foram feitas em troca de reconhecimento político. Tratados desiguais asseguravam o mercado latino-americano de manufaturados aos comerciantes estrangeiros. Como resultado do paradigma liberal-conservador, obteve-se o atraso estrutural histórico dos países da América Latina, perante a modernização dos países centrais, impelida pelas revoluções industrial e dos transportes e pelo progresso tecnológico. As revoluções políticas que implicavam o rearranjo do Estado não abalavam a dominação das elites sobre a sociedade primária. Há algumas semelhanças entre o paradigma liberal-conservador e o neoliberalismo contemporâneo, a exemplo da abertura incondicional do mercado de consumo em troca de nada e uma perigosa tendência de reprimarização econômica. Há de se observar que, diversas vezes, nações elegem seus destinos muito mais por decisão interna própria de se acomodar à prevalência de interesses de outras nações do que por injunção de pressões externas.

Em contraste com o paradigma liberal-conservador, os paradigmas desenvolvimentista e logístico reforçam a percepção de liberdade de escolha do destino nacional. Tais paradigmas indicam a existência de menor grau de convergência entre os países latino-americanos e resultados ainda mais diferenciados entre as situações nacionais.

O paradigma desenvolvimentista (que se estende da década de 1930 até a década de 1990) indica que a industrialização era considerada como bem supremo ao longo do período, mola propulsora do salto de qualidade econômico e social. Ela induziu transformações estruturais na economia, nas instituições e na sociedade e elevou o bem-estar da população.

Já o paradigma logístico, que ocorreu a partir da primeira década do século XXI, foi escolha de poucos Estados latino-americanos, revelando tendência à inserção sistêmica madura à época da interdependência global, com o melhor aproveitamento dos avanços do desenvolvimentismo industrialista.

Quando da vigência do paradigma liberal-conservador, havia um protótipo do desenvolvimentismo na região. Por um lado, a escravidão e a servidão foram superadas. A imigração criou necessidades e aspirações populares. Massas urbanas modificaram a estrutura da sociedade, que se organizava em sindicatos e movimentos sociais. Havia insatisfação tanto de massas urbanas quanto de empresários, que queriam criar ou ampliar negócios. Intelectuais exigiam mudanças estruturais na economia e na sociedade, bem como uma nova conduta do Estado. Militares se preocupavam com a falta de segurança nacional e de meios de dissuasão e defesa. Em suma, visava-se um salto qualitativo rumo à modernização. Porém, as condições externas sistêmicas tiveram reflexos negativos sobre causalidades internas. A crise do capitalismo dos anos 1930 teve impacto sobre o comércio exterior e finanças dos países da América Latina. A formação de blocos antagônicos, entre democracias liberais e regimes fascistas, abria aos países da América Latina perspectivas de jogo político e de autonomia decisória. A escolha que prevaleceu regionalmente foi a da modernização pela via da industrialização, que deveria fazer deslanchar o desenvolvimento da nação, segundo dirigentes. A substituição de importações, criticada por alguns teóricos, foi considerada por outros resultado do desenvolvimento, o qual se sobrepunha tanto nas aspirações sociais quanto no projeto nacional da nova coalização de poder.

Em uma primeira etapa do desenvolvimento (1930-1990), foram criadas indústrias de transformação (anos 1950), com uso de capitais e empreendimentos estrangeiros e via financiamentos e expansão de empresas externas que se instalavam no país. A política exterior e a negociação diplomática foram acionadas nesse sentido. Em uma segunda fase, instalaram-se indústrias de base. A terceira fase foi caracterizada pela busca de tecnologias avançadas.

Argentina e Chile fizeram um rompimento com o processo de industrialização ao antecipar experiências liberais radicais na vigência de ditaduras militares, que perturbaram a continuidade da industrialização. No Brasil, o regime militar encampou racionalmente o desenvolvimento e deu-lhe impulsos de qualidade rumo à industrialização de base e à conquista de tecnologias avançadas. Na segunda fase de industrialização, siderurgia, energia elétrica, construção de infraestruturas e da chamada indústria de base foram impulsionadas. A consciência social e política da necessidade do domínio de tecnologias avançadas para galgar nova etapa do desenvolvimento tornou-se perceptível na legislação.

Ao longo do período, Empresas Multinacionais vieram a chamado dos dirigentes para prover o projeto de modernização de insumos financeiros e tecnológicos. Voltaram-se para o mercado interno e poucas vezes cogitaram exportações de manufaturados e inovação tecnológica, desnecessárias em tal situação. Deixaram de lado a criatividade e contaminaram com esse padrão de conduta o empresariado regional. Foram assim introduzidas formas de dependência no âmago do paradigma desenvolvimentista.

Adaptações estratégicas foram feitas aos paradigmas de desenvolvimento, a exemplo da busca pela autonomia. Nações avançadas voltaram-se para interesses próprios, aos quais acoplaram política exterior e negociação diplomática. Assim, percebeu-se que sem autonomia decisória nada se conseguiria de concreto e a reciprocidade de benefícios do sistema internacional desapareceria no âmbito bilateral e regional. A autonomia foi sacrificada durante o período neoliberal (anos 1990), e por isso as concessões e subserviências foram tais que conduziram países da AL à deterioração de seus indicadores econômicos e sociais por volta do ano 2000.

Outro elemento de adaptação foi a abertura dos sistemas produtivo e de serviço, mas com proteção do mercado. A adaptação, contudo, tendia à introspecção econômica e bloqueava a inovação.

Buscou-se, igualmente, a construção de uma política exterior cooperativa e não confrontacionista. Alguns países latino-americanos souberam conduzir racionalmente o projeto de desenvolvimento e extraíram do sistema internacional de Estados benefícios concretos e resultados preciosos de desenvolvimento, ao manter a continuidade do parâmetro de política exterior cooperativa e não confrontacionista.

Outro elemento de adaptação levou à prevalência do econômico sobre ideologia e segurança. Por essa estratégia de conduta, sacrificaram-se, aos interesses econômicos do desenvolvimento, valores ideológicos e princípios de segurança. Esse cálculo político incorporou requisitos da racionalidade desenvolvimentista, especialmente quando integrado ao parâmetro de conduta externa cooperativa e não confrontacionista.

Alguns países da AL estabeleceram parcerias estratégicas com diversos países desenvolvidos, dos quais recolheram e ainda recolhem benefícios de desenvolvimento de grande impacto sobre a formação nacional. O mundo em desenvolvimento necessita de articulações destinadas a obter apoios políticos, mercados de consumo, fontes de recursos e cooperação científica e tecnológica. Entre si mesmos, os países latino-americanos estabeleceram parcerias estratégicas estimuladas pela vizinhança, por objetivos comuns de desenvolvimento e por laços históricos e culturais.

Buscou-se, igualmente, o reforço de poder via multilateralismo, integração regional e ocidentalismo. Órgãos multilaterais estabelecem ordenamentos e regimes internacionais que afetam diretamente as possibilidades de desenvolvimento. Daí a conveniência de estar presente e envolver-se com o multilateralismo, como uma estratégia de desenvolvimento. Uma das vantagens da formação de blocos regionais consiste na utilização dessa outra via de reforço do poder nacional. Latino-americanos foram, em grande medida, bem-sucedidos na conformação de processos de integração, com seus desígnios de desenvolvimento. Eles assumiram o ocidentalismo à época da Guerra Fria tanto como ideologia quanto como realidade e colocaram os possíveis insumos do ocidentalismo a serviço de interesses econômicos, e sutilmente o desprezaram como ideologia.

O pensamento estruturalista movimentou Estado e sociedade na América Latina à época do paradigma desenvolvimentista. O pensamento globalista, por sua vez, alimentou o paradigma logístico nos anos 2000, quando a internacionalização econômica foi eleita como desígnio nacional.

Um acumulado de vícios e entraves gerados no seio de cada paradigma conduziu à sua exaustão, reduzindo a potencialidade de produzir efeitos de desenvolvimento, se é que não induziu à produção de efeitos contrários. Os entraves do paradigma desenvolvimentista derivam, em grande medida, da introspecção exacerbada, tanto nas decisões estratégicas dos dirigentes quanto na conduta dos agentes não governamentais. Houve protecionismo exagerado do mercado interno, baixa produtividade, baixa inovação tecnológica, instabilidade monetária, endividamento externo e estagnação econômica. Raros foram os grupos que romperam com esse entrave, introduziram a criatividade e elevaram a competitividade. Muitos foram os grupos que se abrigaram à sombra de tarifas alfandegárias extremamente elevadas, as quais lhes reservaram todo o mercado interno.

Durante o paradigma neoliberal, o núcleo duro das economias nacionais perdia-se pela alienação a empreendimentos estrangeiros. Aumento da importação, queda da produção interna, desequilíbrio financeiro, endividamento, desemprego e aumento da pobreza foram outros vícios do modelo.

No início do século XXI, observou-se a predominância da dispersão dos paradigmas. Distintos paradigmas de desenvolvimento afloraram na AL nos primeiros anos deste século: de prevalência liberal no Chile, Peru, Colômbia e México; industrial no Brasil e na Argentina; de regresso, reestatização, protecionismo e isolamento financeiro, decisões alheias à internacionalização econômica na Argentina dos Kirchner e na Venezuela de Hugo Chávez; da associação colaborativa entre Estado e agentes não governamentais privados no Brasil e Chile.

O paradigma logístico revelou-se de maior capacidade de propulsão do desenvolvimento do que quaisquer outras experiências. Por isso constitui o salto de qualidade rumo à maturidade sistêmica do desenvolvimento. Condiz, ademais, com a era da interdependência global e se insere em seus desafios e exigências. Os parâmetros do paradigma logístico estão baseados na associação cooperativa entre Estado e sociedade.

Estado evolui de produtor a regulador das atividades econômicas, agora confiadas à sociedade. Cabe-lhe, ademais, gerenciar e harmonizar pelo alto os interesses de segmentos sociais, que agem por motivações específicas que lhes convenha, impedindo que um segmento imponha sobre os demais seus próprios interesses e provoque o desequilíbrio e a instabilidade.

A internacionalização de empresas nacionais se faz, do modo logístico, com o objetivo de inserção sistêmica madura, envolvendo empresas bancárias, industriais e de serviços. Obtém-se o benefício da competitividade sistêmica que resulta da penetração nas cadeias produtivas globais, além de outros benefícios, como exportação de produtos de maior valor agregado, equilíbrio econômico e novas fontes de recursos. O paradigma logístico contorna os inconvenientes do paradigma neoliberal e opera em meio à interdependência, porém evita a subserviência sistêmica. Ele também contorna os inconvenientes do paradigma desenvolvimentista, evitando a introspecção exacerbada e o isolamento. Corresponde ao salto de qualidade rumo à maturidade sistêmica da economia de mercado.

Em seu processo de internacionalização, o paradigma do Estado logístico adapta a ação diplomática ao novo desígnio, introduzindo a diplomacia de oportunidades em favor de apoio político para a expansão de empresas nacionais. Aloca recursos de agências de fomento nacionais à expansão para fora dos empreendimentos. Estabelece diálogo permanente com o empresariado nacional. Algumas condições prévias são requeridas: privatização de grandes empresas estatais, aparecimento de empresas nacionais fortes, formação de conglomerados nacionais. Poucos países da AL criaram da parte do Estado tais condições prévias, de que resulta o substrato indispensável à internacionalização econômica.

Como resultado do paradigma logístico e das adaptações estratégicas do Estado, ocorre a emergência de uma sociedade dinâmica, com empresariado industrial, do agronegócio e de serviços com ambição globalizante e ligado às demandas sociais. A expansão para fora de empreendimentos nacionais é um processo conduzido pelos agentes não governamentais, aos quais o Estado empresta apoio logístico. O diálogo entre Estado e sociedade viabiliza as iniciativas.

O paradigma logístico revela um desenvolvimento maduro com capacidade de participar de cadeias produtivas globais, o que eleva a produtividade interna via competitividade sistêmica. A expansão internacional de empresas modifica a pauta de exportações, via produtos de maior valor agregado.

Os países da América Latina viveram, desde a década de 1930, sob a influência de dois paradigmas de desenvolvimento e depois encaminharam-se para dispersão estratégica. Durante três períodos, os rumos do desenvolvimento tomaram feições distintas: durante o paradigma desenvolvimentista, dos anos 1930 aos 1980, do neoliberalismo dos 1990 e dispersão do século XXI, e do paradigma logístico, adotado por alguns países, o qual constitui a evolução mais relevante.

Durante esses três períodos, o pensamento integracionista e as experiências de formação de blocos dele derivadas foram de pouca relevância para o desenvolvimento regional, sob os aspectos comercial, financeiro e produtivo. Foram criados incentivos ao fluxo de investimentos entre os países e alguns projetos de integração produtiva regional deram certo. Contudo, a integração adquiriu sentido político prevalecente, fomentando o clima de entendimento e de boa convivência regional e por ele nutrida. Sob esse aspecto, os processos de integração exibem alcance histórico extremamente benéfico, apesar dos retrocessos integracionistas recentes.

A América Latina manteve, por outro lado, a dependência diante do centro avançado do capitalismo em duas fases: durante a fase introspectiva do desenvolvimentismo, um vínculo de dependência financeira, empresarial e tecnológica visceral, associada àquela introspecção exacerbada, e durante a fase neoliberal, pela via da alienação de boa parte de seu núcleo econômico robusto, construído na fase anterior.

A maturidade do processo de desenvolvimento é vislumbrada no século XXI em alguns países, onde a expansão para fora de empresas nacionais produz efeitos benéficos sobre a economia interna, aproximando-a da interdependência, padrão sistêmico da economia de mercado. A falha essencial do processo ao longo dos três períodos reside na baixa propensão do empresariado industrial e de serviços em inovar. Raras são as exceções. Marcas latino-americanas de produtos industriais são escassas. Em compensação, tal constatação não se aplica à produtividade do agronegócio, da mineração e da prospecção de petróleo, em que países da América Latina alçaram-se, em termos sistêmicos, ao patamar mais elevado.

Segurança internacional

O presente capítulo apresenta a agenda de estudos da área de segurança internacional, considerada central para os estudos de Relações Internacionais. A primeira parte trata de conceitos relevantes da área, tais como poder, segurança e estratégia, assim como de teorias das RI que examinam a segurança internacional. A segunda parte trata dos principais tipos, causas, características e frequência de conflitos internacionais tradicionais. Já a terceira parte do capítulo analisa quatro grandes desafios transnacionais contemporâneos na área de segurança, todos capazes de causar enormes danos internacionais: armas de destruição em massa, mudanças climáticas, tecnologias digitais e saúde global. Esses desafios estão ligados à época atual da história, caracterizada por rápidos avanços na tecnologia, florescimento de populações humanas em todo o planeta, urbanização e globalização, que exigem políticas públicas nacionais e internacionais urgentes sobre o que fazer a respeito de cada um deles.

CONCEPÇÕES TEÓRICO-CONCEITUAIS

Por que os Estados entram em guerra? Por que as guerras continuam sendo uma característica persistente do mundo ao nosso redor? Quais são as novas ameaças presentes no sistema internacional?

Durante a última década, preocupações internacionais na área de segurança estiveram fortemente ligadas a disputas hegemônicas, à proliferação nuclear e a ameaças mais difusas do extremismo violento transnacional. Mais recentemente, temas como a recuperação diante da pandemia da covid-19 e a renovação econômica sustentável tornaram-se novos imperativos da política externa dos países pertencentes à sociedade internacional, que buscam levar o entendimento sobre segurança para um caminho cada vez mais universal.

Segurança está entre os termos mais difíceis de serem conceituados devido a diferentes e numerosas suposições tidas como certas sobre segurança presentes nos debates da área de RI. Uma definição comumente utilizada sobre segurança é a de um processo de eliminação de ameaças a valores, crenças, práticas e modos de vida profundamente arraigados. Segurança, ou ausência de ameaças e medo, significa alcançar o desejo de resistir e proteger determinados valores e objetivos essenciais.

Com o passar do tempo, a segurança tornou-se uma subdisciplina das RI, com uma tradição teórica robusta. Para diversos analistas, questões de segurança podem estar intimamente ligadas tanto a fatores domésticos quanto internacionais, os quais se influenciam mutuamente. Percebe-se, por exemplo, que tanto o terrorismo no plano internacional quanto perturbações civis que ocorrem dentro de um país podem muitas vezes desestabilizar países vizinhos e potencialmente levar à intervenção externa. Nesta seção, serão examinadas diferentes correntes teóricas das RI que estudam e ajudam a explicar elementos centrais da segurança internacional.

Como visto em capítulos anteriores, o paradigma dominante das RI desde a Segunda Guerra Mundial tem sido o realismo e suas variantes, os quais enfatizam a crença comum de que o poder determina os resultados políticos internacionais. Realistas defendem a ideia de que a natureza do ser humano é essencialmente negativa ou ruim, o que o leva a ser agressivo, egoísta, competitivo e destrutivo. Por conta disso, a humanidade vive em constante medo e perigo de morte violenta. No plano doméstico, tal situação conduz ao surgimento de um conjunto de regras políticas e obrigações legais. Já no plano internacional, a anarquia, ou ausência de autoridade superior aos Estados, persiste e Estados são, por isso, obrigados a maximizar o seu poder para sobreviver. Estados mais fracos são muitas vezes hábeis em aumentar sua segurança e capacidade de defesa por meio de alianças com outros Estados.

Teóricos da tradição realista preferem vincular questões de segurança especificamente à sobrevivência do Estado e à guerra. Alguns realistas afirmam que a segurança significa estar livre da guerra ou ter a expectativa relativamente alta de que a derrota não será uma consequência de uma possível guerra. Na visão realista, o fato de o sistema internacional ser anárquico significa que os Estados não podem confiar totalmente nos outros Estados para protegê-los. Por esse motivo, alianças, tratados e, muitas vezes, a cooperação ou segurança coletiva aumentam apenas parcialmente a sua segurança. Assim, para que Estados sobrevivam, eles precisam necessariamente providenciar sua autodefesa.

Realistas acreditam que, em última instância, é o poder militar que importa. Eles explicam que, com o poder militar, é possível demonstrar força e alcançar diversos objetivos políticos, a exemplo da redução de ameaças, aquisição de territórios, obtenção de recursos naturais e garantia de comércio. Quem tem superioridade de armamento em tempos de paz convence aliados, rivais ou adversários sem precisar utilizar suas armas. Os meios militares são um dos instrumentos de que a diplomacia se utiliza fora do teatro militar. Isso porque quem tem reputação de equidade e moderação tem maior probabilidade de alcançar seus objetivos sem precisar de vitória militar. Além disso, países que possuem muito poder e armas usufruem de grande prestígio internacional e acesso a processos de tomada de decisões importantes em organismos regionais e globais.

Há diversos critérios para se medir poder estatal, a exemplo da capacidade militar, riqueza acumulada, recursos naturais, tamanho da população, posição geográfica, capacidade criativa e de invenção, poder de atração e sofisticação tecnológica. Em geral, Estados fortes e poderosos são aqueles que possuem o monopólio da violência legítima no plano interno e a capacidade de impedir que outros atores do sistema internacional interfiram em seus próprios negócios domésticos.

Diferentemente dos realistas, muitos teóricos liberais concentram-se no estudo do comportamento observável e na aquisição de poder por atores individuais não estatais. Para eles, o mundo é muito mais pacífico do que os realistas consideram e a segurança militar está subordinada a outros fatores, sobretudo econômicos. A interdependência econômica em uma ordem mundial capitalista liberal está na origem da paz e leva muito mais à dependência mútua do que ao conflito. Por sua vez, instituições internacionais e normas de comportamento estabelecidas de comum acordo, envolvendo atores estatais e não estatais, aumentam a segurança internacional.

Para teóricos marxistas e críticos, segurança e poder relacionam-se muito mais com classes e indivíduos do que com o Estado. O poder está localizado nas estruturas voltadas para a manutenção e segurança do sistema baseado em classes. Por sua vez, para a teoria do sistema-mundo, de inspiração marxista, a narrativa dominante de segurança existe para que países centrais possam explorar países em desenvolvimento localizados na periferia e na semiperiferia do sistema.

Teóricos pós-estruturalistas, por sua vez, estão preocupados em apresentar e analisar discursos construídos em torno de temas de segurança e poder. De forma mais específica, esses teóricos se perguntam sobre como populações são condicionadas a aceitar narrativas sobre segurança e quais as implicações disso para entender segurança. Eles acreditam que o poder está localizado nos discursos, sendo que muitos deles normalizam compreensões masculinas de segurança, a qual é usualmente definida pelos termos realistas militares. O objetivo dessa teoria é, assim, desafiar entendimentos dominantes e proporcionar oportunidades para emancipação.

Durante a Guerra Fria, o pensamento realista sobre segurança voltou-se principalmente para a possibilidade de uma guerra nuclear entre EUA e URSS. Com o fim da Guerra Fria, houve uma grande mudança no campo de estudos de segurança. Estudiosos se afastaram paulatinamente da abordagem tradicional extremamente centrada no Estado e na guerra e adotaram análises com uma compreensão mais ampla sobre segurança.

Teóricos liberais ganharam mais espaço nos debates e chamaram a atenção para a necessidade de se relacionar segurança com o indivíduo, e não apenas com o Estado. Sob essa perspectiva, segurança é tudo aquilo que pessoas percebem como sendo uma questão que de alguma forma ameace suas vidas e que demande uma resposta política para isso. A teoria dos regimes, de origem liberal, é uma dessas perspectivas que examinam a participação de diversos atores internacionais na construção de arranjos coletivos de segurança regional.

Em anos recentes, diversos teóricos passaram a conceber a segurança de forma a abranger toda a humanidade, retirando mais uma vez a ênfase dada aos Estados. Não apenas ameaças militares aos Estados, mas diversas formas de insegurança ligadas aos membros da comunidade internacional passaram a ser levadas em conta nas análises. Essas mudanças analíticas se explicam devido ao fato de a maior parte dos conflitos violentos no mundo de hoje ocorrer dentro e não entre Estados. As causas de tais conflitos são muitas vezes ligadas a identidades de grupo e cultura, e não apenas a interesses nacionais relacionados a governos. Ademais, muitas ameaças à segurança passam a ser identificadas como de origem não militar, a exemplo de problemas ambientais, crescimento populacional, recursos escassos e deslocamentos humanos, o que coloca em questão a capacidade de os Estados fornecerem segurança para seus cidadãos.

Nos últimos anos, um rico debate se desenvolveu entre, por um lado, aqueles que consideram que segurança só pode ser debatida de forma apropriada a partir do comportamento interestatal e, por outro, os que buscam levar o entendimento sobre segurança para um caminho cada vez mais universal.

Segurança e poder

Teóricos mais tradicionais e que relacionam segurança com comportamento interestatal muitas vezes se inspiram em autores clássicos para construir seus conceitos, argumentos e análises. Raymond Aron, considerado um dos grandes pensadores e fundadores da área, explica, em seu livro *Paz e guerra entre as nações* (1986), que poder é a capacidade de fazer, produzir, destruir, influir e impor sua vontade. O poder pode ser tanto defensivo (relacionado à capacidade de resistência) quanto ofensivo (mais próximo da possibilidade de imposição de sua própria vontade). Poder é concernente à relação humana e à aplicação da força em circunstâncias e objetivos determinados. Já o conceito de força é relativo a meios (militar, econômica, moral), podendo ela ser uma força potencial (conjunto de recursos materiais, humanos e morais de que se dispõe teoricamente) ou real (recursos efetivamente utilizados na política externa, na paz ou na guerra). O potencial de mobilização indica a capacidade e a vontade à disposição do combatente.

Ainda segundo os ensinamentos de Aron, a ideia de poder aplica-se não apenas a recursos materiais, mas também a recursos humanos. Nesse sentido, consideram-se atores de poder os responsáveis pela nação. Já os atores de potência são os que possuem capacidade de influenciar a conduta de seus semelhantes. Enquanto o conquistador é aquele que faz uso da força bruta, o soberano é um representante legal e legítimo da coletividade. O exercício da potência pode ser feito tanto por meio da lei quanto do prestígio. Assim, a potência depende tanto dos meios de ação à disposição quanto do talento do soberano no emprego de tais meios. As razões ou motivações para o emprego da potência podem estar relacionadas ao desejo de se ter poder, a uma convicção ideológica ou ao objetivo de servir à comunidade. Muitas vezes, a opção pela guerra demonstra a fraqueza da lei, dos árbitros e dos negociadores no plano externo.

De forma mais precisa, Raymond Aron aponta quatro grandes elementos da potência: o espaço ocupado pelas unidades políticas; os recursos materiais disponíveis e o conhecimento que permite transformá-los em armas; o número de homens e a arte de transformá-los em soldados; e a capacidade de ação coletiva, que engloba a organização do exército, a disciplina dos combatentes, a qualidade do comando civil e militar, na guerra e na paz, e a solidariedade dos cidadãos. De forma sintética, em tempos de guerra, os fatores determinantes da potência são os meios, os recursos e as ações coletivas disponíveis. De forma ideal, a ordem decrescente de importância dos três elementos seria a eficácia das armas, a ação coletiva e o número de soldados.

A potência em tempos de paz pode ser exercida de diversas formas. A resistência é uma delas e ocorre pela imposição de sua vontade, por meios legítimos e costumes internacionais. Durante o período de paz, o exercício da potência se faz por meios não violentos ou meios violentos aceitáveis. A diplomacia – cujo objetivo é seduzir, convencer, dando a sensação de liberdade ao outro, sem coagir – é chamada de persuasão quando ocorre sem pressão econômica ou política.

Tanto na paz quanto na guerra, a diplomacia total é aquela que se utiliza ao mesmo tempo de procedimentos econômicos, políticos e psicológicos, e é exercida por meios violentos e não violentos aceitáveis. Os meios econômicos podem ser utilizados por ela e se relacionam com a capacidade ofensiva e defensiva. Já os meios políticos referem-se à ação sobre elites e massas (envolvendo argumentos sobre exploração, opressão, abusos). A condição suprema da potência defensiva está baseada em um fator psicológico fundamental, qual seja, o da capacidade de coesão coletiva.

Há muitas incertezas na medida da potência. A passagem do potencial econômico para a força militar demonstra capacidade de ação coletiva e capacitação técnico-administrativa, assim como boa distribuição da mão de obra pelos vários setores produtivos. O coeficiente de mobilização indica a capacidade administrativa e disposição da sociedade para o sacrifício. Muitas vezes, um grande recrutamento militar indica prestígio da profissão militar e boa situação material e moral dos militares. Em termos gerais, a questão do custo de se obter potência em tempos de paz e de guerra é objeto de muitas incertezas. Não há ferramentas de alta precisão para medir a capacidade de mobilização da indústria tecnologicamente superior, ou o volume de recursos consagrados à ação diplomática e estratégica. É por isso que muitas vezes não é possível afirmar se o inimigo é um pretendente à hegemonia e se ele é realmente capaz de alcançar tal *status*.

CONFLITOS INTERNACIONAIS

A guerra interestatal é um dos conflitos presentes no sistema internacional de caráter mais marcante devido ao seu alcance e perfil trágico. Ela ocorre quando dois ou mais governos nacionais dirigem forças militares um contra o outro em confrontos organizados, constantes e altamente mortais. As guerras entre Estados são classificadas como gerais quando envolvem muitos ou todos os Estados mais poderosos em determinado momento da história. A tomar como exemplo a Segunda Guerra Mundial, elas podem ser guerras hegemônicas, ou seja, cujos desfechos determinam quais Estados terão influência predominante no sistema internacional por anos e até décadas.

As guerras totais ou absolutas – como no caso da Primeira e da Segunda Guerras Mundiais – ocorrem quando governos beligerantes procuram mobilizar o máximo possível de seus recursos humanos e econômicos e buscam sistematicamente enfraquecer ou matar as populações civis de seus inimigos como uma parte de suas estratégias de guerra. A guerra total acontece quando a política parece desaparecer e se adota como fim único a destruição do inimigo. Porém, esse tipo de guerra é ainda considerado um ato político, ou seja, em que há consideração global de todas as circunstâncias pelo estadista, que decide – com ou sem razão – estabelecer como objetivo exclusivo a destruição das forças armadas do inimigo, sem considerar os objetivos ulteriores e sem refletir sobre as consequências prováveis da própria vitória.

Uma razão importante para a não ocorrência de guerra total desde o final da Segunda Guerra Mundial e ausência de guerra entre as grandes potências é a existência de armas nucleares. Outra razão é que antigos agressores, que tiveram governos autoritários, ditatoriais e altamente agressivos durante a primeira metade do século XX, tornaram-se democracias estáveis e não intervencionistas após a Segunda Guerra Mundial.

Conforme será explicado a seguir, mesmo na ausência de guerra total, alguns tipos de conflitos militares entre Estados ainda persistem. Por exemplo, durante a Guerra Fria, EUA e URSS travaram guerras por procuração entre si, ou seja, usaram terceiros países para desempenhar o papel de intermediários ou substitutos. Guerras limitadas também ocorreram entre países menos poderosos, como entre a China e a Índia, em 1962, e entre a Índia e o Paquistão, em 1999.

Tipos de conflitos

Não há na área de RI nenhum índice específico para designar um conflito como sendo uma guerra. Porém, há um consenso de que, ao contrário de outros tipos de violência e conflitos, guerras se diferenciam por seus combates sustentados (ação militar mútua) envolvendo grande número de mortes durante um determinado período. Em termos gerais, tirar vidas humanas é a característica principal e dominante de todas as guerras.

Raymond Aron explica que guerra é um ato de violência composto de elementos de animosidade, ação bélica e razão política, o qual é destinado a obrigar o adversário a realizar nossa vontade. A guerra é um jogo que exige coragem, cálculo, risco, perigo, prudência e audácia.

A guerra pressupõe a contradição de vontades, a existência de coletividades politicamente organizadas, tentando se contrapor umas às outras. A violência física é o meio de se fazer guerra. O seu fim é a imposição da vontade do combatente. Ainda segundo Aron, a guerra não tem um fim em si mesma e a vitória não é por si só um objetivo. O período belicoso inscreve-se numa continuidade de relações que é sempre comandada pelas intenções mútuas das coletividades.

Os conjuntos de dados de guerra são hospedados por Meredith Sarkees, do grupo Global Women's Leadership in International Security, e Frank Wayman, da Universidade de Michigan-Dearborn, sob o Programa de Hospedagem de Conjuntos de Dados Correlates of War – COW. O projeto COW (Sarkees e Wayman, 2010) coleta dados para os seguintes tipos de conflito: entre Estados ou interestatais, extraestados, entre atores não estatais e intraestatais.

As guerras entre Estados ou interestatais (tipo 1) são confrontos organizados entre as forças militares de Estados que resultam em pelo menos mil mortes em combate durante um período de 12 meses. As guerras extraestatais são confrontos violentos – resultando em pelo menos mil mortes em combate durante um período de 12 meses – entre o governo nacional de um Estado reconhecido e uma entidade em um território estrangeiro que não seja um Estado internacionalmente reconhecido, ou seja um ator não estatal localizado em um Estado estrangeiro. As guerras extraestatais podem ocorrer entre um Estado e uma colônia (tipo 2) ou entre um Estado imperialista e um ator não estatal (tipo 3).

Em tempos recentes, os EUA empreenderam guerras extraestatais contra alvos do Estado Islâmico em países como Iraque, Síria, Líbia e Afeganistão, bem como contra alvos de terroristas da Al-Qaeda no Iêmen, Somália e Paquistão.

As guerras intraestatais são aquelas conduzidas entre um Estado e um grupo dentro de suas fronteiras. São guerras do tipo guerra civil e podem ocorrer por razões de controle central (tipo 4) ou por questões locais (tipo 5). As guerras intraestatais podem ser entre duas regiões de um Estado (tipo 6) ou entre duas comunidades (tipo 7). Por fim, as guerras entre atores não estatais podem ocorrer dentro do território do ator não estatal (tipo 8) ou através das fronteiras de um Estado (tipo 9).

Nos últimos anos, as tipologias descritas anteriormente e criadas pelo referido projeto COW têm sido muito úteis nos estudos sobre segurança internacional e têm sido frequentemente utilizadas como referência para análises e construção de novas tipologias sobre guerras e outros conflitos violentos.

Causas dos conflitos

Por que motivo as unidades políticas esforçam-se em impor sua vontade umas às outras? O que pretende cada unidade política? Por que razão seus objetivos são (ou parecem ser) incompatíveis? De que modo podemos distinguir os objetivos típicos dos Estados que os colocam em oposição mútua?

Os conflitos entre Estados acontecem por diversas razões. A guerra pode, por exemplo, ser o resultado da vontade de um Estado de aumentar sua posição relativa de poder, de melhorar o acesso a recursos importantes, de fazer contrapeso a um vizinho que está se tornando muito poderoso. A guerra pode até mesmo acontecer por um erro de interpretação sobre as intenções e ações de outro Estado, quando informações são escassas. De forma geral, Estados são inseguros e por isso buscam aumentar constantemente seu poder econômico e suas vantagens geopolíticas. Para teóricos realistas, entretanto, é sobretudo o poder militar que gera segurança para um Estado poderoso.

As guerras podem ter causas imediatas e subjacentes. Uma causa imediata de conflito militar consiste na discordância ou conflito de interesses entre dois ou mais Estados. Uma causa subjacente envolve um conjunto de circunstâncias que tornaram possível o uso da força militar. Os conflitos de interesse entre Estados podem estar relacionados a disputas por recursos econômicos escassos (a exemplo de recursos hídricos e energéticos), desacordos políticos, regimes políticos, identidade étnica ou religiosa e território. Em particular, disputas territoriais podem levar à guerra quando territórios em questão possuem recursos econômicos importantes, representam uma posição estratégica ou militar, ou mesmo quando territórios fronteiriços abrigam populações com características étnicas semelhantes, gerando expectativas de unificação.

Uma causa subjacente da guerra pode estar relacionada a percepções equivocadas que podem fazer com que líderes cometam erros que resultem em guerra. Cansaço, preconceito, otimismo excessivo e pressões de grupos podem gerar dúvidas e erros sobre a conveniência de se usar a força, aumentando assim as chances de tal força ser usada.

Para Raymond Aron, a causa de uma guerra é sempre a intenção hostil, e não o sentimento de hostilidade. Por essa razão, pode-se conceber uma guerra sem ódio. Alguns objetivos das unidades políticas parecem ser eternos, a exemplo da busca por autonomia, sobrevivência e segurança. No primeiro caso, se as unidades políticas são rivais, é porque são autônomas: só podem contar consigo mesmas. Por sua vez, a unidade política quer sobreviver; governantes desejam manter sua coletividade por séculos, de qualquer modo. Por fim, e acima de tudo, no estado de natureza, todos têm como objetivo primordial a segurança, a qual depende da fraqueza do adversário ou da força própria.

Sobre o objetivo de se ter segurança, qual o melhor meio para obtê-la? Uma forma de se alcançar esse objetivo é por meio do estabelecimento de uma relação de forças para que os inimigos potenciais não sejam tentados a tomar a iniciativa da agressão, garantindo-se a inferioridade do rival. É preciso se conscientizar de que a maximização de recursos não leva necessariamente à maximização da segurança, já que pode provocar temor e ciúme e formação de coalizão hostil. Por sua vez, o aumento de forças pode levar aliados à neutralidade e neutros ao campo adversário. Se o aumento de forças pode levar ao aumento de hostilidade e agressividade no inimigo, por que se aceita o risco de morte? Acredita-se que unidades coletivas não querem apenas desencorajar a agressão e gozar a paz. Querem também ser temidas, respeitadas ou admiradas. Querem ser poderosas e capazes de impor sua vontade aos vizinhos e rivais, de influenciar o destino da humanidade.

A guerra pode ser feita também em nome da honra e da glória. Ou seja, um Estado beligerante pode ter sido motivado mais pela honra de liderança do que por esperanças fundadas de aumentar seu domínio ou autoridade. Vitória absoluta significa desejo de glória mais que de força. Ou as unidades políticas buscam segurança e força ou procuram ser respeitadas, impondo sua vontade e recolhendo os louros que cabem ao vencedor.

Em síntese, os três objetivos mais almejados de uma unidade política que se dispõe a participar de uma guerra são a busca por segurança, com o intuito de poupar ao país a repetição de uma guerra tão sangrenta quanto a anterior; por potência, a qual dá a um país o domínio de todas as coisas; e por glória, ligada ao querer ser reconhecido como o maior dos países, dos governantes. De forma mais específica, os três objetivos citados refletem os interesses dos soberanos de garantir a posse do espaço e de uma grande população e propagar a toda a humanidade aquela que ele considera ser a verdadeira fé. Acontece que a glória é uma noção vazia, que só existe na consciência de quem a deseja possuir.

É preciso salientar que incertezas sempre rondam a guerra. Nem sempre é possível distinguir o agressor da vítima ou determinar a legalidade dos beligerantes. Não há concordância necessária entre as causas aparentes e as causas profundas de uma guerra. Nem sempre um pretexto para fazer uma guerra coincide com o motivo da sua decisão. Objetivos de uma guerra nunca são inteiramente preestabelecidos, embora sejam percebidos pelos atores em cena. Nem sempre é possível distinguir estratégias ofensivas das defensivas. Muitas vezes, a parte ofensiva do conflito é determinada pela relação de forças e o desenrolar das hostilidades e dos julgamentos feitos sobre os méritos respectivos dos dois modos de utilizar os engajamentos militares a serviço da guerra.

Estratégia e diplomacia

O conceito clássico de estratégia refere-se ao comportamento relacionado com o conjunto das operações militares. Já a diplomacia é a condução do intercâmbio com outras unidades políticas. Ambas estão subordinadas à política e à concepção que as coletividades fazem do interesse nacional. Em tempos de paz, a diplomacia pode ameaçar usar armas. Em tempos de guerra, a diplomacia continua a conduzir o relacionamento com aliados e neutros. A diplomacia é, assim, a arte de convencer sem usar a força. Por sua vez, a estratégia é a arte de vencer de um modo mais direto, por meio da força.

Idealmente, a guerra deve corresponder inteiramente às intenções políticas. Toda guerra deve ser, assim, compreendida à luz do seu caráter provável e dos seus traços dominantes, que podem ser deduzidos dos dados e das circunstâncias políticas. Por sua vez, a política deve se adaptar aos meios de guerra disponíveis, ou seja, deve determinar os objetivos a serem adotados levando em conta os meios disponíveis.

A Primeira Guerra Mundial ilustrou a aproximação da forma absoluta de conflito armado, no qual o beligerante se tornou incapaz de precisar as razões políticas da guerra. A Segunda Guerra Mundial, ao se exigir a capitulação incondicional, revelou a compreensão ingênua dos vínculos que ligam a estratégia à política.

Durante a condução da guerra, dentro de uma coalizão, deve-se levar em conta as rivalidades potenciais entre os aliados, além da hostilidade comum com relação ao inimigo. Aliados permanentes são aqueles que não concebem a possibilidade de se encontrarem em campos opostos, no futuro previsível, qualquer que seja a oposição de alguns dos seus interesses (a exemplo da aliança existente entre EUA e Grã-Bretanha). Aliados ocasionais não têm outro laço senão o da hostilidade comum com respeito a um inimigo cujo temor é suficiente para inspirar um esforço de acomodação da sua rivalidade; no futuro, os interesses de aliados ocasionais poderão entrar novamente em conflito.

A escolha da estratégia pelos aliados depende dos objetivos da guerra e dos meios disponíveis. Pode-se escolher "não perder", desencorajando a vontade de vencer da coalizão superior. Pode-se optar por enfraquecer o inimigo, tornando-o incapaz de qualquer empreendimento de grande porte, ou mesmo por convencê-lo a renunciar à sua ambição de vitória, por meio de êxitos defensivos.

Durante a condução das operações de guerra, a política desempenha papel fundamental na determinação dos limites estratégicos e táticos. Raymond Aron ensina que a regra geral é aquela em que é necessário renunciar a certas ações por respeito à legalidade internacional e, particularmente, devido aos interesses dos aliados ou dos neutros. Se a política exige da guerra o que ela não pode dar, vai de encontro a seus princípios: ela precisa conhecer o instrumento de que se serve – deve saber o que é natural e absolutamente indispensável. O pior acontece quando a política não dá ordens, ou quando o chefe político e o comando militar se ignoram mutuamente.

Em tempos de paz e de não guerra, a estratégia de dissuasão, inclusive por meio do aparelho da represália, deve ser posta em estado de funcionamento antes que seja necessário acionar a força de fato. A solidariedade entre os aliados deve ser evocada sempre com cautela, posto que a força de uma coalizão é sempre inferior à soma das forças de que teoricamente se dispõe.

A coincidência dos interesses de todos os aliados é uma meta muito difícil de ser alcançada. Na prática, a regra que determina o comportamento dos Estados em coalizão é a de concentrar forças nos pontos onde os interesses dos países são mais importantes. O comportamento razoável resume-se, assim, no estabelecimento da sobrevivência e da prosperidade comum a todos como objetivo.

ARMAS DE DESTRUIÇÃO EM MASSA

Um dos piores subprodutos da inovação tecnológica moderna são as armas de destruição em massa (conhecidas na língua inglesa como *Weapons of Mass Destruction* – WMD). Com o fim da Guerra Fria e assinaturas de tratados como o de não proliferação nuclear, houve uma redução significativa no tamanho dos arsenais nucleares dos EUA e da Rússia e, com isso, uma diminuição da ameaça de aniquilação total.

A desaceleração do ritmo de proliferação de armas nucleares no século XXI não evitou o surgimento e a disseminação de tecnologias cada vez mais avançadas ao redor do mundo e de informações relacionadas à produção de armas nucleares na internet. Isso indica que é mais simples agora obter materiais, equipamentos e conhecimento para produzir armas nucleares do que durante a Guerra Fria. Porém, o preço e a dificuldade de produzir materiais físseis continuam a ser o freio para a reprodução de armas nucleares.

Nesse sentido, o aumento de segurança contra o terrorismo nuclear tem sido obtido por meio do controle e redução de materiais já existentes. Outras recomendações de especialistas relacionam-se com as seguintes medidas: salvaguardas adicionais de tecnologias nucleares, inclusive em usinas de energia e reatores de pesquisa; relegação das armas nucleares a um papel menor na estratégia de segurança e defesa nacional; comprometimento com o fortalecimento dos regimes de controle de exportação e monitoramento cuidadoso das tecnologias nucleares para fins civis e militares (e muitas vezes tendo usos civis legítimos, tornando-os bens de dupla utilização).

É certo que armas nucleares em muito ajudaram a evitar uma guerra entre grandes potências durante a Guerra Fria. Mais uma vez, reduzir a ameaça de guerra nuclear deve estar no topo da lista de prioridades da comunidade internacional na área de segurança.

Acordos multilaterais de não proliferação e desarmamento, instrumentos internacionais para combater armas de destruição em massa e terrorismo e arranjos de controle de exportação e importação têm sido as medidas internacionais para prevenir e combater armas de destruição em massa. Acordos multilaterais de não proliferação e desarmamento codificam as normas internacionais sobre proibição de armas biológicas, tóxicas e químicas, e a não proliferação (e proibição) de armas nucleares. Os instrumentos internacionais de combate ao terrorismo e às armas de destruição em massa abordam o risco de que atores não estatais adquiram capacidade de utilizar tais armas. O pressuposto em que se baseia tal medida é que regulamentos e mecanismos existentes sobre contraterrorismo internacional são relevantes para a prevenção do terrorismo com utilização de armas de destruição em massa. Arranjos de controle de exportação e importação procuram garantir que o comércio não contribua para o desenvolvimento de armas químicas, biológicas e nucleares.

Normas contra a proliferação de armas de destruição em massa buscam ainda garantir que os benefícios oferecidos pelo progresso em ciência e inovação não aumentem riscos de que materiais, tecnologia ou informação possam ser mal utilizados e causem danos. Em outras palavras, os Estados precisam desenvolver capacidades que possibilitem e promovam o uso seguro e responsável de materiais e a divulgação de informação relacionada a produtos químicos, biológicos, radiológicos e nucleares (CBRN, em inglês). Assim, o uso indevido de materiais e de informações CBRN inclui segurança física, segurança da informação, combate ao tráfico ilícito, governança da pesquisa de uso duplo, contraterrorismo, proteção civil e defesa.

A Agência Internacional de Energia Atômica (AIEA), que supervisiona a implementação do Tratado de Não Proliferação Nuclear (TNP), busca promover um sistema de segurança nuclear global forte e sustentável entre Estados que compõem o sistema internacional. O regime internacional de segurança nuclear centra-se na prevenção e gestão do risco de liberação não intencional e exposição à radiação que pode resultar, por exemplo, de um acidente nuclear causado por falha técnica, erro humano ou desastre natural; ou do manuseio, transporte ou transferência inadequada de material nuclear ou radioativo, incluindo resíduos. Desde 2002, a AIEA tem adotado planos de segurança nuclear de três anos. As áreas cobertas pelo "Plano de Segurança Nuclear 2018-2021" tratam da segurança de materiais nucleares e instalações associadas e segurança de transporte; segurança de materiais radioativos; segurança da informação e segurança cibernética; perícia nuclear para detecção e resposta a eventos nucleares e cooperação internacional.

Assim como as nucleares, as armas químicas e biológicas se enquadram na classificação de armas de destruição em massa. Com o fim da Guerra Fria, muitos observadores afirmam que as armas químicas e biológicas são agora as que representam o maior perigo para a segurança mundial, já que elas são portáteis e relativamente fáceis e baratas de produzir.

Embora as armas químicas tenham sido usadas pela primeira vez com efeitos devastadores durante a Primeira Guerra Mundial, o uso de agentes biológicos em guerras remonta pelo menos ao século XIV. Agentes capazes de serem usados como armas biológicas se enquadram em três categorias principais: vegetais, animais e microbianos. Dentro dessas categorias, a variedade de agentes tóxicos é extensa. Em parte, isso ocorre porque há várias cepas em uma única doença. Os agentes que foram desenvolvidos para armas incluem antraz, toxina botulínica, peste e varíola. A toxicidade desses agentes varia, sendo que alguns levam a doenças graves, outros são letais. O antraz (*Bacillus anthracis*) é potencialmente o mais tóxico para os humanos.

As armas químicas e biológicas representam um desafio muito diferente para os formuladores de políticas quando são usadas por agentes não estatais. Nesse sentido, políticas e estratégias elaboradas para manter a paz durante a Guerra Fria são inadequadas para essas novas circunstâncias. Se, por um lado, um Estado portador de armas químicas e biológicas pode ser contido por meio da ameaça de retaliação, por outro essa estratégia não pode ser usada para lidar com agentes extremistas. Por sua vez, a infraestrutura da maioria dos Estados é inadequada para lidar com um ataque desse tipo. Não há vacina ou máscaras de gás/roupas apropriadas em número suficiente para proteger uma cidade densamente povoada até mesmo de um ataque em pequena escala, muito menos de um grande. Porém, é importante lembrar que diversos Estados desenvolvidos e em desenvolvimento, a Organização Mundial da Saúde (OMS) e outras agências em todo o mundo estão trabalhando incansavelmente para monitorar possíveis ataques e criar formas de limitar a disseminação de armas de destruição em massa.

Recentemente, conforme será estudado logo mais neste capítulo, desde dezembro de 2019, a crise da covid-19 mostrou que pandemias naturais são uma ameaça de alto nível para a humanidade. Doenças virais se tornaram mais frequentes a partir da década de 1980 e, ao que tudo indica, a crise atual não será a última, tendo em vista a proximidade e a densidade das populações humanas e animais que caracterizam o mundo moderno. As armas biológicas também podem se tornar mais perigosas. A modificação genética tornou-se muito mais fácil nos tempos atuais graças ao desenvolvimento de novos métodos e tecnologias. Felizmente, ainda é muito difícil criar patógenos perigosos porque não se sabe com antecedência os efeitos de qualquer rearranjo genético.

Mesmo assim, também não há base para se garantir que isso não aconteça. Para desencorajar e impedir a busca de novos tipos de patógenos, a cooperação internacional na área de pesquisa biológica parece ser o caminho essencial a seguir. Para tanto, é fundamental que se promova a superação de desavenças geopolíticas entre as principais potências do globo e a adoção de postura pragmática e solidária para o bem de todos os membros da comunidade internacional.

Qualquer que seja a ameaça, das armas biológicas ou das pandemias naturais, o que se sabe é que os diversos países da sociedade internacional não fizeram o suficiente para se preparar para o desafio da pandemia atual.

MUDANÇAS CLIMÁTICAS

A mudança climática é uma grande ameaça tanto à segurança interna dos países quanto da segurança internacional. Seus efeitos já são largamente conhecidos pela maioria da comunidade internacional. Aguardam-se agora tempestades e furacões mais fortes e secas mais severas e relacionadas ao clima. Mudanças climáticas extremas poderão danificar instalações militares e degradar a prontidão para o combate, levar ao deslocamento em massa de pessoas ou à competição entre Estados potencialmente adversários por recursos cada vez mais escassos. Safras poderão ser mais difíceis de cultivar na medida em que terras agrícolas poderão ser degradadas ou destruídas pela invasão dos mares e salinização dos solos, deslocando grandes populações.

A devastação de florestas tropicais remotas pode aumentar os riscos de doenças pandêmicas devido ao contato entre humanos e animais. Com a possibilidade de subida do nível do mar, os deslocamentos poderão se tornar ainda mais insustentáveis. Analistas internacionais insistem em dizer que condições extremas provocadas pelas mudanças climáticas exacerbam não apenas os riscos de conflito civil, mas também de guerra entre Estados.

A trajetória atual de crescimento das emissões globais de CO_2 pode fazer com que as temperaturas globais – atualmente com 1,1°C acima dos níveis pré-industriais – subam 0,4°C e alcancem o limite de 1,5°C por volta de 2030, de acordo com projeções americanas da agência National Oceanic and Atmospheric Administration (NOAA), e ultrapassem 2°C por volta de meados do século. Para mudar essa trajetória, o Painel Intergovernamental sobre Mudança do Clima (*Intergovernmental Panel on Climate Change* – IPCC) estima que as emissões globais teriam que cair drasticamente na próxima década e chegar a zero por volta de 2050 para limitar o aquecimento a 1,5°C, ou chegar a zero por volta de 2070 para limitar o aquecimento a 2°C.

Os riscos para os interesses de segurança de vários países do sistema internacional até 2040 aumentarão à medida que eles respondem de forma tímida aos efeitos físicos cada vez mais intensos das mudanças climáticas. As temperaturas globais provavelmente ultrapassarão a meta do Acordo de Paris e aumentarão em 1,5 °C por volta de 2030. E os efeitos físicos deverão continuar se intensificando, fato que poderá exacerbar os pontos de conflito geopolíticos. Os principais países e regiões enfrentarão riscos crescentes de instabilidade e necessidade de assistência humanitária.

Segundo documento produzido pelo National Intelligence Council (NIE) dos EUA, intitulado *Climate Change and International Responses Increasing Challenges to US National Security Through 2040* e publicado em outubro de 2021, tensões geopolíticas tendem a crescer enquanto a comunidade internacional discute sobre como acelerar as reduções de gases de efeito estufa. O debate vai se concentrar em quem tem mais responsabilidade de agir e de pagar pela despoluição e com que rapidez isso deverá ser feito. Países competirão pelo controle de recursos escassos e pelo domínio de novas tecnologias imprescindíveis para a transferência de energia limpa. A maioria dos países enfrentará escolhas econômicas difíceis e provavelmente dependerão de avanços tecnológicos para reduzir rapidamente suas emissões de gazes de efeito estufa.

Os efeitos físicos crescentes das mudanças climáticas poderão exacerbar questões geopolíticas importantes e na medida em que Estados buscam proteger seus próprios interesses. A redução do gelo marinho já está ampliando a competição estratégica no Ártico pelo acesso a seus recursos naturais. Em outros lugares, à medida que a temperatura aumenta e mais efeitos extremos se tornam presentes, cresce também o risco de conflitos por água e de aumento da migração.

A intensificação dos efeitos físicos da mudança climática até 2040 e depois dessa data será sentida de forma mais aguda nos países em desenvolvimento, que também são os menos capazes de se adaptar a tais mudanças. Esses efeitos físicos aumentarão o potencial de instabilidade e possivelmente de conflito interno nesses países.

De acordo com o documento do NIE, é possível prever alguns poucos cenários que indiquem uma modificação na dramática situação climática atual. No primeiro cenário, ocorreria um grande avanço na implantação em larga escala de tecnologias de energia zero carbono ou de remoção de dióxido de carbono (CDR), a qual alteraria a avaliação atual de que a transição energética global não está a caminho de cumprir a meta do Acordo de Paris de limitar o aquecimento a 1,5°C. Empresas poderiam utilizar seus recursos financeiros combinados com aprimoramentos em ciência computacional e de material para obter avanços em pesquisas de fusão nuclear, uma fonte quase infinita de energia que os governos têm pesquisado desde 1950, sem sucesso. Além disso, a descoberta de técnicas de remoção barata de dióxido de carbono ou de uso novo e altamente lucrativo para o CO_2 poderia criar incentivos para que empresas e governos removam CO_2 da atmosfera em uma escala grande o suficiente para estimular um caminho de descarbonização profunda no globo atingindo emissões zero bem antes de 2050.

Em um segundo cenário, um desastre climático global que mobilizasse uma ação coletiva massiva de todos os países e populações poderia apresentar evidências claras e convincentes de que estamos nos aproximando de um ponto de inflexão no sistema da Terra e de forma mais rápida do que o esperado. Tal desastre alteraria nossa avaliação de que os países vão ainda continuar por muito tempo a discutir sobre quem tem mais responsabilidade para agir, tirando-os da situação de inércia atual.

Em um terceiro cenário, a implantação bem-sucedida de geoengenharia de resfriamento global desafiaria o julgamento atual de que a implantação unilateral de medidas sem consenso global aumentaria as tensões internacionais. Um país poderia iniciar um programa bem-sucedido de geoengenharia para reduzir artificialmente as temperaturas globais e servir de exemplo para outros países. Dados os resultados positivos da geoengenharia e devido ao risco de o programa cessar repentinamente, os países provavelmente continuariam a descarbonizar gradualmente a produção de energia e buscar o CDR.

Por sua vez, o documento do NIE aponta que cada vez mais pesquisas poderão responder melhor à pergunta sobre qual parte de um evento individual pode ser atribuída às mudanças climáticas e isso por meio do aprimoramento da coleta e processamento de *big data* com uso de computadores mais avançados. Além disso, cientistas estão melhorando seus modelos de análise para indicar de forma cada vez mais precisa sobre quando um determinado componente do sistema climático regional ou global se aproximará ou ultrapassará um ponto de inflexão, dados os riscos associados a ele.

TECNOLOGIAS DIGITAIS

O mundo está passando por uma impressionante revolução tecnológica global. Os avanços em biotecnologia, nanotecnologia, tecnologia de materiais e tecnologia da informação vêm ocorrendo em um compasso acelerado, provocando mudanças radicais em todas as dimensões da vida. Múltiplas disciplinas científicas serão interconectadas e gerarão tecnologias com capacidade de transformar a qualidade do dia a dia das pessoas, assim como seu tempo de vida, e mudar a face do trabalho e da indústria.

Segundo documento produzido e disponibilizado eletronicamente pela ONU em sua rede da internet e intitulado *The Impact of Digital Technology* (ONU, 2021) tecnologias digitais podem ajudar a tornar nosso mundo mais justo e pacífico e acelerar o cumprimento dos objetivos de desenvolvimento sustentável, sejam eles o fim da pobreza extrema, a redução da mortalidade materna e infantil, a promoção da agricultura sustentável ou a alfabetização universal. Por outro lado, tecnologias também podem ameaçar a privacidade, diminuir a segurança e aumentar desigualdades sociais.

No setor de saúde, por exemplo, tecnologias de fronteira habilitadas com Inteligência Artificial (IA) estão ajudando a salvar vidas, diagnosticar doenças e estender a expectativa de vida. Na educação, ambientes virtuais de aprendizagem e o ensino à distância abriram programas para alunos que, de outra forma, seriam excluídos. Os serviços públicos também estão se tornando mais acessíveis e responsáveis e menos burocraticamente onerosos como resultado da assistência de IA. O *big data* também pode oferecer suporte a políticas e programas mais responsivos e precisos.

Embora a aplicação dessas novas tecnologias tenha se tornado possível atualmente, nem todos os países serão capazes de adquiri-la – muito menos colocá-la em prática no curto prazo. Em primeiro lugar, nem todos os países terão capacidade científica e tecnológica (C&T) suficiente. Em segundo lugar, serão necessários recursos financeiros e infraestrutura instalada para se obter uma aplicação tecnológica a partir de seus próprios esforços domésticos de pesquisa e desenvolvimento (P&D).

Algumas tecnologias de ponta parecem ter maior probabilidade de estar amplamente disponíveis comercialmente, alcançando mais países. Os sistemas de energia solar, por exemplo, serão baratos o suficiente para estarem amplamente disponíveis em países em desenvolvimento e subdesenvolvidos. Conectividade de telefone e internet também estará disponível com uma infraestrutura de rede sem fio. Dispositivos de comunicação e armazenamento – com e sem fio – poderão fornecer acesso ágil a fontes de informação em qualquer lugar, a qualquer hora. Alimentos geneticamente modificados terão valor nutricional melhorado, produção aumentada e uso reduzido de pesticidas. Acredita-se ainda que testes de laboratórios poderão ser realizados rapidamente e em grande escala para verificar a presença ou ausência de substâncias biológicas específicas.

Com tantos recursos e implicações dessas novas tecnologias ainda amplamente desconhecidas, é fundamental que a próxima geração de políticas e normas internacionais seja baseada em ideais de segurança econômica, transparência, justiça e inclusão.

Nos últimos anos, ataques cibernéticos tornaram-se extremamente frequentes, indicando que a proteção da internet e a regulamentação da inteligência artificial são cada vez mais essenciais para garantir a segurança e a sobrevivência humana no futuro. Assim, infraestruturas militares conectadas à internet e com utilização de software imperfeito e mal protegido tornam-se alvos fáceis de ataques cibernéticos em grande escala. E, mesmo que as vulnerabilidades do software sejam corrigidas por novas tecnologias, outras vulnerabilidades podem surgir, o que leva a pensar que ainda é possível melhorar muito mais a segurança cibernética para aumentar a defesa e resiliência digitais.

Como administrar recursos tecnológicos digitais é assunto de muita discussão em um momento em que as tensões geopolíticas estão aumentando. O secretário-geral da ONU alertou sobre uma cisão entre as potências mundiais, cada uma com sua própria estratégia de internet e IA e visões geopolíticas e militares contraditórias. Essa divisão poderia estabelecer um muro de Berlim digital. Cada vez mais, a cooperação digital entre Estados é vista como fator fundamental para garantir a integração mundial. A recomendação do Painel de Alto Nível sobre Cooperação Digital do secretário-geral das Nações Unidas é a de que seja construído um compromisso global para a cooperação digital.

PANDEMIAS E COOPERAÇÃO EM SAÚDE GLOBAL

A pandemia da covid-19 revelou profundas vulnerabilidades do mundo globalizado e o enfraquecimento do sistema internacional marcado pela liderança dos EUA. Nacionalismos e rivalidades entre grandes potências caracterizam a política internacional dos tempos atuais e impedem a necessária e urgente cooperação internacional para lidar com a saúde global e com a pior crise econômica que se tem notícia desde o período das duas grandes guerras mundiais.

Em 31 de dezembro de 2019, a OMS foi alertada sobre diversos casos de pneumonia provocada por um novo tipo de coronavírus não identificado antes em seres humanos. Tais casos ocorreram na cidade de Wuhan, Província de Hubei, na República Popular da China. Em 30 de janeiro de 2020, a OMS declarou que o surto do novo coronavírus constituía uma Emergência de Saúde Pública de Importância Internacional (ESPII), ou seja, o mais alto nível de alerta da Organização, o qual indica um evento extraordinário que pode constituir um risco de saúde pública para outros países devido à disseminação internacional de doenças, requerendo uma resposta internacional coordenada e imediata.

Em 11 de março de 2020, a covid-19 foi caracterizada pela OMS como uma pandemia, ou seja, uma doença com surtos em vários países e regiões do mundo. Após essa data, diversos países começaram a se fechar e a enfrentar o que parecia ser a crise mais severa desde a Segunda Guerra Mundial. Não se sabia qual poderia ser o número final de mortes, mas um cálculo aproximado já era alarmante.

O fechamento das economias desencadeou uma recessão mundial nunca imaginável. A cooperação internacional ficou paralisada na medida em que cada país passou a se preocupar com a sua própria população. De início, a OMS buscou compreender a natureza em evolução da pandemia, mas devido à falta de informações, sobretudo da parte chinesa, não ofereceu conselhos coerentes sobre como contê-la.

O Grupo dos 7 (G7), que reúne as democracias mais ricas do mundo, parecia ser um fórum adequado para que líderes mundiais pudessem tratar dessa nova crise global provocada pela pandemia do coronavírus. No entanto, quando uma reunião há muito agendada de ministros de Relações Exteriores do G7 foi convocada virtualmente em 26 de março de 2020, o grupo não conseguiu chegar a um acordo sobre uma declaração conjunta por causa da insistência do secretário de Estado dos EUA, Mike Pompeo, de renomear a covid-19 como "vírus Wuhan". Boris Johnson, o primeiro-ministro da Grã-Bretanha, assim como o presidente da França, Emmanuel Macron, apoiaram uma nova cúpula presencial do G7, a qual poderia impulsionar as principais potências mundiais à ação. Havia a esperança de que todos se envolvessem coletivamente com a Gavi, a Vaccine Alliance, uma parceria de saúde global público-privada financiada em parte pela Gates Foundation, e com a Covax, a iniciativa Covid-19 Vaccines Global Access criada em resposta à pandemia. Havia também a necessidade de se coordenar coletivamente a recuperação econômica e a assistência ao mundo em desenvolvimento, que estava sendo castigado pela pandemia e pela paralisação econômica global.

As autoridades dos EUA pareciam ter pouco interesse em mobilizar uma resposta internacional à covid-19 e estar mais preocupadas em culpar a China pelo surto original e controlar o avanço do poder chinês em âmbito mundial. Depois que Donald Trump, então presidente dos EUA, cancelou a cúpula do G7, nada mais aconteceu. Não houve iniciativas ou pedidos americanos sobre saúde pública global ou recuperação econômica. Parecia que impulsos nacionalistas diminuíam a necessária cooperação internacional e que a crescente competição geopolítica entre EUA e China se sobrepunha ao objetivo maior de elaboração de uma resposta internacional para frear os efeitos calamitosos da pandemia.

Na ausência de um trabalho coletivo internacional, cada país precisou lidar com uma emergência de saúde pública sem paralelo. A maioria dos países teve severas dificuldades, sobretudo os menos desenvolvidos.

A covid-19 parece que não será a última ameaça pandêmica a ser enfrentada pela humanidade. A cada ano novos vírus que passaram de animais para humanos são descobertos. A principal razão para tanto está ligada ao fato de o mundo ter se tornado mais urbano, de o desmatamento deslocar cada vez mais animais de seu habitat natural e porque a carne faz parte de inúmeras cadeias de abastecimento globais. É preciso ainda lembrar que mudanças climáticas também forçam animais a sair de seus habitats e a ter maior contato com as pessoas, elevando o risco de doenças. Por fim, os riscos de futuros acidentes de laboratório são reais e deverão ser levados em conta. Por tudo isso, aumentam as chances de outra grande pandemia surgir.

No futuro próximo, muitos países, sobretudo os mais pobres, continuarão apresentando dificuldades em obter recursos e capacidades para identificar e conter novos vírus, o que exigirá assistência substancial seja de organismos internacionais, seja de países desenvolvidos.

Alguns exemplos recentes indicam que países com experiência prévia com doenças infecciosas apresentaram melhor desempenho durante a crise da covid-19. Nesse sentido, a pergunta que está sendo feita agora é sobre se a experiência adquirida no combate à covid-19 servirá de aprendizado a ser utilizado ao longo dos próximos anos.

Como mitigar futuras pandemias?

Atualmente, a preparação necessária para mitigar uma futura pandemia é bastante conhecida. Em geral, ela envolve: a) detecção precoce, bem como identificação, isolamento e rastreamento de contato de vítimas iniciais para conter e exterminar o vírus antes que ele alcance a população mais ampla e até que uma vacina seja desenvolvida. Esse método requer grandes quantidades de kits de teste e instituições de saúde pública preparadas para fazer o rastreamento de contato e quarentena de infectados e expostos. Termômetros febris para triagem de indivíduos em espaços comuns e de grande circulação de pessoas e aplicativos de smartphone para ajudar a rastrear movimentos e contatos também são utilizados; b) estoques adequados de suprimentos básicos de proteção e salvamento devem estar disponíveis em quantidade suficiente para profissionais de saúde e população em geral; c) capacidade de aumentar rapidamente a produção de suprimentos essenciais (testes, vacinas e vários tratamentos antivirais que possam atenuar os efeitos da doença em qualquer pessoa que adoeça) e construção de infraestrutura de saúde pública necessária para a vigilância de possíveis surtos de doenças no futuro, isolamento e tratamento das populações afetadas e compartilhamento de informações em linhas regionais e nacionais.

A mitigação de pandemias futuras requer fortes restrições a mercados de animais silvestres e melhor proteção dos habitats naturais para espécies que tendem a fomentar e abrigar doenças perigosas. Isso precisa ser feito para melhor regular e limitar as interações entre animais e seres humanos. A Organização Mundial da Saúde também precisa ter mais autoridade e recursos para incentivar trabalhos de vigilância e tratamento de forma rápida e eficaz em zonas onde futuros surtos possam ocorrer.

Finalmente, um processo de autocrítica poderá ser útil para se pensar sobre a importância de se realizarem reformas necessárias, de se imporem proibições rápidas de viagens quando da detecção de um novo surto, de se aumentar a capacidade de prestação de serviços de saúde ou de fornecer redes de segurança adequadas para a população.

A cooperação e a assistência bilateral e multilateral continuarão a ser fatores essenciais para auxiliar países, sobretudo os em desenvolvimento, a se recuperarem de forma mais hábil possível das pandemias e das crises econômicas delas decorrentes.

Sugestões de leitura

Uma das principais referências na formação de jovens estudantes de Relações Internacionais são os livros da coleção Clássicos IPRI. As 13 obras traduzidas e publicadas pela Fundação Alexandre de Gusmão e pela Editora Universidade de Brasília são consideradas fundamentais por fornecerem uma introdução quase canônica à disciplina de RI e tratarem de temas-chave sob seus aspectos histórico, conceitual e teórico. Quatro obras merecem destaque dentro da coleção. O livro de Raymond Aron, *Paz e guerra entre as nações* (1986), oferece diversas análises de situações concretas e identifica regularidades presentes nas relações internacionais. Já o livro de Edward Carr, *Vinte anos de crise* (2001), constitui-se em um esforço fenomenal de interpretação do período conturbado do entreguerras (1919-1939) e oferece críticas contundentes às interpretações teóricas da época. *A política entre as nações* (2. ed. 2003), de Hans Morgenthau, escrito logo depois do fim da Segunda Guerra Mundial e antes de instaurada a Guerra Fria, apresenta informações e análises sobre a vida política internacional e busca descobrir e compreender as forças que determinam as relações políticas entre as nações. Em seu conjunto, a obra condensa um imenso arcabouço teórico com grande alcance explicativo da realidade internacional. Por sua vez, em seu livro *A sociedade anárquica* (2001), Hedley Bull trata da natureza das relações internacionais e dos objetivos da sociedade de Estados. Ao responder à pergunta sobre se há ordem na política mundial, Bull avança nas análises das teorias clássicas das Relações Internacionais, contribuindo, em especial, para o fortalecimento da chamada *Tradição Grociana*, mais próxima da Escola Inglesa, na qual o autor se insere.

Além da coleção Clássicos IBRI, outros livros merecem destaque. Em *A evolução da sociedade internacional: uma análise histórica comparativa* (2004), Adam Watson oferece uma reflexão histórica profunda e ampla do sistema internacional. O autor examina diversas sociedades, desde as inseridas nos sistemas de Estados antigos, passando pela sociedade europeia, até chegar à atual sociedade internacional global. Também considerado um clássico, o livro *Power and Interdependence: World Politics in Transition* (2. ed. 1989), escrito por Robert Keohane e Joseph Nye, analisa importantes conceitos, como o de interdependência complexa, e estuda diferentes interações estabelecidas entre Estados na política internacional. Já em *After Hegemony: Cooperation and Discord in the World Political Economy* (1984), Robert Keohane trata do papel dos Estados na criação de arranjos institucionais e geração de ordem global.

Kenneth Waltz, em *O homem, o Estado e a guerra* (2004), promove um rico e instigante debate, considerado essencial para o desenvolvimento das diversas teorias das Relações Internacionais. O livro busca explicar as causas da guerra por meio do estudo de três imagens ou níveis de análise, quais sejam, a natureza e o comportamento humano, a organização interna e regimes políticos dos Estados e o sistema de Estados, sobretudo aquele caracterizado pela anarquia internacional.

Alexander Wendt, em *Teoria social da política internacional* (2014), e Friedrich Kratochwil, em *Rules, Norms, and Decisions: on the Conditions of Practical and Legal Reasoning in International Relations and Domestic Affairs* (1995), oferecem importantes reflexões para os estudos construtivistas das RI, colaborando para a renovação dos debates teóricos da área.

Além das obras de autores clássicos, alguns manuais servem de base para aqueles que se iniciam nos estudos de RI. O livro *Introduction to International Relations* (2019), escrito por Joseph Grieco, John Ikenberry e Michael Mastanduno, três proeminentes estudiosos da área, é um dos mais completos do gênero existentes atualmente no mercado editorial. A obra oferece uma introdução clara e abrangente sobre questões tradicionais e recentes da área de RI. Os autores combinam conhecimento analítico, fundamentos teóricos e contexto histórico para explicar as principais agendas das RI.

O manual de Relações Internacionais de Patrick Strefford e Noah McCormack, intitulado *A Simple Introduction to International Relations* (2021), também é recomendado por possuir duas qualidades em particular. Em primeiro lugar, os autores explicam conceitos e teorias das RI utilizando diversos estudos de casos da região do Leste Asiático, o que contribui para o entendimento do atual processo de *asianização das relações internacionais*. Em segundo lugar, os autores usam um vocabulário simples e estruturas de frases pouco complexas, o que faz com que leitores não anglófonos sejam capazes de compreender o texto com bastante facilidade. Por fim, o livro *International Relations: The Key Concepts* (2008), dos autores Martin Griffiths, Terry O'Callaghan e Steve Roach, trata de maneira abrangente e atualizada dos mais variados conceitos das RI, dentre os quais se incluem os de direitos humanos, globalização e estudos estratégicos.

Na área de segurança internacional, diversos estudiosos utilizam os dados do projeto Correlates of War – COW (www.correlatesofwar.org) como referência para suas análises e construção de tipologias sobre guerras e outros conflitos violentos. Os conjuntos de dados de guerra são hospedados por Meredith Sarkees, do grupo Global Women's Leadership in International Security, e Frank Wayman, da Universidade de Michigan-Dearborn, sob o Programa de Hospedagem de Conjuntos de Dados COW. O projeto coleta dados para os seguintes tipos de conflito: entre Estados ou interestatais, extraestados, entre atores não estatais e intraestatais.

Novas agendas político-estratégicas e econômico-ambientais, assim como pressões internacionais recentes, a exemplo daquelas impostas pela ascensão da China ao topo da hierarquia internacional e pela pandemia da covid-19, estão sendo debatidas e estudadas por importantes especialistas da área. Algumas obras recentes se destacam, a exemplo da escrita por Rush Doshi, *The Long Game: Bridging the Gap* (2021), que descreve claramente os contornos econômicos, políticos e militares da estratégia internacional da China. Em particular, o autor destaca as tentativas cada vez mais incisivas da China de deslocar os EUA e transformar o sistema internacional. Kishore Mahbubani, em *A China venceu?: o desafio chinês à supremacia americana* (2021), fornece um guia para compreender o estado da relação geopolítica entre os EUA e a China e dos riscos de surgimento de conflitos entre as duas grandes potências mundiais. Colin Kahl e Thomas Wright, em *Aftershocks: Pandemic Politics and the End of the Old International Order* (2021), apresentam uma reflexão contundente e abrangente do impacto contínuo da pandemia da covid-19 sobre instituições e ideias fundamentais que moldam o mundo moderno.

A coleção "Relações Internacionais" da Editora Contexto, da qual o presente livro faz parte, reúne obras essenciais para a compreensão das principais disciplinas obrigatórias da área. Os autores da coleção, todos eles grandes especialistas da área, tratam de forma aprofundada, atualizada e inovadora dos diversos temas que foram apresentados de forma introdutória no presente livro. Dentro da coleção, o livro *Teoria das Relações Internacionais* (2021), do autor Feliciano de Sá Guimarães, apresenta as principais teorias das Relações Internacionais, desde aquelas escritas por autores clássicos ocidentais e orientais do século IV a.C. aos estudos mais recentes sobre gênero e pós-colonialismo. Por sua vez, o livro *Economia política global* (2021), de autoria de Niels Soendergaard, fornece tanto uma perspectiva geral e histórica sobre o funcionamento da economia política internacional quanto reflexões sobre a atual ordem econômica global, apontando desafios e tendências nessa área de estudo. Ainda dentro da mesma coleção, o livro *Análise de política externa* (2021), escrito por Haroldo Ramanzini Júnior e Rogério de Souza Farias, apresenta de forma didática os fundamentos da análise de política externa e indica que a área ganhou uma dimensão mais ampla, a qual inclui não apenas a guerra e a paz, mas também saúde, direitos humanos e meio ambiente, temas que passaram a ser afetados diretamente por questões internacionais. Destaca-se igualmente o livro *Organizações e Instituições Internacionais* (2021), de Ana Flávia Barros-Platiau e Niels Soendergaard. Os autores analisam o desenvolvimento de Organizações e Instituições Internacionais e sua colaboração na promoção de uma ordem internacional mais estável, segura e previsível por meio da cooperação em áreas como política, economia, saúde e segurança.

O livro *A ordem internacional ambiental* (2001), de Wagner Costa Ribeiro, da linha de Relações Internacionais da Editora Contexto, procura compreender como agentes do sistema internacional multilateral tratam de assuntos como poluição atmosférica, aquecimento global e conservação da diversidade biológica. Além disso, busca responder à questão sobre se seria possível regular as ações humanas de modo a contemplar segurança ambiental e desenvolvimento sustentável a partir das principais convenções internacionais sobre o meio ambiente.

As obras aqui recomendadas têm o objetivo comum de sugerir tanto novos quanto consolidados caminhos aos leitores da área, para que avancem na tarefa de identificar e analisar elementos centrais e transformadores da ordem internacional. Além disso, buscam colaborar para que novos acadêmicos tenham uma maior compreensão dos obstáculos existentes no cenário internacional e das possibilidades de superá-los, o que poderá contribuir para uma maior cooperação entre os diversos membros da sociedade internacional.

Bibliografia

ARON, Raymond. *Paz e guerra entre as nações*. 2ª ed. Trad. Sérgio Bath. Brasília: IPRI e Editora UnB, 1986.
ART, Jervis. *International Politics*: Enduring Concepts and Contemporary Issues. Eleventh Edition. Pearson, 2013.
BALAAM, David N.; DILLMAN, Bradford. *Introduction to International Political Economy*. Taylor and Francis. Edição do Kindle, 2019.
BARROS-PLATIAU, Ana Flávia; SOENDERGAARD, Niels. *Organizações e instituições internacionais*. São Paulo: Contexto, 2021.
BULL, Hedley. *A sociedade anárquica*. Trad. Sérgio Bath. Brasília: IPRI e Editora UnB, 2002.
BURCHILL, Scott et al. *Theories of International Relations*. Fourth Edition. New York: Palgrave Macmillan, 2009.
CARR, Edward H. *Vinte anos de crise 1919-1939*. 2ª ed. Trad. Luiz Alberto Figueiredo Machado. Brasília: IPRI e Editora UnB, 2001.
CAVELTY, Myriam Dunn C.; WENGER, Andreas. "Cyber Security Meets Security Politics: Complex Technology, Fragmented Politics, and Networked Science". *Contemporary Security Policy*, v. 41, n. 1, p. 5-32, 2020.
DOSHI, Rush. *The Long Game*: Bridging the Gap. Oxford University Press. Edição do Kindle, 2021.
FRANCHINI, Matias A.; VIOLA, Eduardo. "Myths and Images in Global Climate Governance, Conceptualization and the Case of Brazil (1989 - 2019)". *Rev. Bras. Polít. Int.* [online], v. 62, n. 2, e 005, 12 set. 2019. Epub, 2019. ISSN 1983-3121.
GUIMARÃES, Feliciano de Sá. *Teoria das Relações Internacionais*. São Paulo: Contexto, 2021.
GILPIN, Robert. *The Political Economy of International Relations*. New Jersey: Princeton University Press, 1987.
GRIECO, Joseph; IKENBERRY, G. John; MASTANDUNO, Michael. *Introduction to International Relations*. Macmillan Education UK. Edição do Kindle, 2019.
GRIFFITHS, Martin; O'CALLAGHAN, Terry; ROACH, Steven C. *International Relations*: the Key Concepts. New York: Routledge, 2008.

HALLIDAY, Fred. *Repensando as Relações Internacionais*. Porto Alegre: Ed. UFRGS, 1999.
HERZ, Mônica; HOFFMANN, Andrea. *Organizações internacionais, história e práticas*. Rio de Janeiro: Elsevier, 2004.
HOCHSTETLER, Kathryn; INOUE, Cristina Y. A. "South-South relations and global environmental governance: Brazilian international development cooperation". *Rev. Bras. Polít. Int.* [online], v. 62, n. 2, e 004. Epub, 29 jul. 2019. ISSN 1983-3121.
JACKSON, Robert; SORENSEN, Georg. *Introdução às Relações Internacionais*. Rio de Janeiro: Zahar, 2007.
KAHL, Colin; WRIGHT, Thomas. *Aftershocks*: Pandemic Politics and the End of the Old International Order. St. Martin's Publishing Group. Edição do Kindle, 2021.
KEOHANE, Robert; NYE, Joseph. *Power and Interdependence, World in Transition*. 2ª ed. Boston: Harper Collins Publishers, 1989.
KRATOCHWIL, Friedrich. *Rules, Norms, and Decisions*: On the Conditions of Practical and Legal Reasoning in International Relations and Domestic Affairs. New York: Cambridge University Press, 1995.
MAHBUBANI, Kishore. *A China venceu?*: o desafio chinês à supremacia americana. Trad. Bruno Casotti. Rio de Janeiro: Intrínseca, 2021.
MEARSHEIMER, John. *The Great Delusion*: Liberal Dreams and International Realities. New Haven: Yale University Press, 2018.
MORGENTHAU, Hans J. *A política entre as nações*: a luta pelo poder e pela paz. 2ª ed. Trad. Oswaldo Biato. Brasília: IPRI, Editora UnB e Imprensa Oficial do Estado de São Paulo, 2003.
NATIONAL INTELLIGENCE COUNCIL. *Climate Change and International Responses Increasing Challenges to US National Security Through 2040*. 21 out. 2021. Disponível em: <https://reliefweb.int/sites/reliefweb.int/files/resources/NIE_Climate_Change_and_National_Security.pdf>. Acesso em: nov. 2021.
NOGUEIRA, João Pontes; MESSARI, Nizar. *Teoria das Relações Internacionais*: correntes e debates. Rio de Janeiro: Ed. Campus, 2005.
RAND. National Security Research Division. "The Global technology revolution 2020, executive summary: bio/nano/materials/information trends, drivers, barriers, and social implications / Richard Silberglitt ... [et al.]' (2020). Disponível em: <https://www.rand.org/content/dam/rand/pubs/monographs/2006/RAND_MG475.pdf>. Acesso em: nov. 2021.
RAMANZINI JÚNIOR, Haroldo; FARIAS, Rogério de Souza. *Análise de política externa*. São Paulo: Contexto, 2021.
RIBEIRO, Wagner Costa. *A ordem internacional ambiental*. São Paulo: Contexto, 2001.
SARKEES, Meredith; WAYMAN, Frank. *Resort to War*: 1816-2007. Washington, D.C.: CQ Press, 2010.
SAVIGNY, Heather; MARSDEN, Lee. *Doing Political Science and International Relations: Theories in Action*. New York: Palgrave Macmillan, 2009.
STREFFORD, Patrick; MCCORMACK, Noah. *A Simple Introduction to International Relations*. Edição do Kindle, 2021.
SOENDERGAARD, Niels. *Economia política global*. São Paulo: Contexto, 2021.
UNITED NATIONS. *The Impact of Digital Technologies*. UN 75. Shaping our future together. 2021. Disponível em: <https://www.un.org/sites/un2.un.org/files/un75_new_technologies.pdf>. Acesso em: nov. 2021.
WALLERSTEIN, Immanuel. "After Developmentalism and Globalization, What?". *Social Forces*, v. 83, n. 3, pp. 1263-1278, 2005.
WALTZ, Kenneth N. *O homem, o Estado e a guerra*. Trad. Adail Ubirajara Sobral. São Paulo: Martins Fontes, 2004.
WATSON, Adam. *A evolução da sociedade internacional*: uma análise histórica comparativa. Brasília: Editora UnB, 2004.
WENDT, Alexander. *Teoria social da política internacional*. Rio de Janeiro: Apicuri, 2014.

A autora

Danielly Ramos é professora do Instituto de Relações Internacionais da Universidade de Brasília (UnB). Mestre em Ciência Política e Governo Comparado pela Universidade Paris 1 (Sorbonne, França) e doutora em Relações Internacionais pela UnB (2007). É fundadora e coordenadora geral do Centro de Estudos Globais da UnB.

GRÁFICA PAYM
Tel. [11] 4392-3344
paym@graficapaym.com.br